Crowd-Funding and Entrepreneurship

Experiences from Home and Abroad Examples

众筹创业

从中外成功案例中取经

冯叔君　楼志斌　朱戈亮◎编著

中国出版集团　东方出版中心

序 言

我们的创客时代：青春不毕业

如果今天还有人再把"双创"仅视为一种经济解局的工具，那么我认为这种思维恐怕已经落伍于时代了。十八大以来的五年，"双创"对中国经济的贡献已经超越了实用主义，它扎扎实实渗透到了整个社会的日常"细胞"中，成为社会转型的一种新常态。

"全民创客"时代，创客已经不再是"少数派"。"全民创客"更需要匠人精神，梦想不分高低，每一个人都可以是创客。创客就是一个战士，战士是不知畏缩的，他们脚步坚定，看定目标，便一直向前走去。他们不怕被绊脚石摔倒，也没有一种障碍能使他改变心思。去年这个时候，我以"学术创业"①之名，去广州中创集团创办了中创学院。在这个过程中我体会到：也许当你了解越多的时候，你可能才越明白创业的不易，公司经营的艰难。

---

① 学术创业（academic entrepreneurship）这一术语最早由美国学者Roberts在其经典著作《高科技创业者》中使用，他认为学术创业是学术机构的研究者基于科研成果创建新公司的过程。

初心不分大小，平凡人的初心同样能孕育出伟大。我们也许只是芸芸众生中的一员，但我们是时代的创客，如同你我一般，努力坚持着自己的梦想；我们要敢于在这个战略机会窗口开启的时期，聚集力量，扑上去。但我们绝不能做飞蛾扑火，创业前必须考问自己，一问技术有突破性吗？二问时机进入合适吗？三问有没有在一定区域的小市场占有大份额？四问团队的组合合理、有劲头吗？五问销售渠道及方式靠谱吗？六问是否是可持续增长的产品或项目？七问未来的发展中你的公司有独特性吗？

这七问，在问你我，也是对中科数据的考问。中科数据是一家探索未来、主动创新的公司；是一家培育有创新思想、实战经验、产业思维的企业家和创客精英的公司；是一家具有"创新、产业、国家、民族"情怀的公司。中科数据公司是永葆年轻的公司，是青春不毕业的公司。

初创企业每天都在不停地增长、增长、再增长，而传统VC、基金的资金量是有限的，他们更倾向于选择投资那些产品相对成熟、收益相对稳定、自己更熟悉的项目。而广大的初创企业，尤其是众多的草根创业者，却很难拿到投资，在创业大潮愈演愈烈的情况下，这一问题便显得越发突出。所幸的是，命运的转盘早已安排好了一切。一直名声不显，却早在2011年就已经引入中国的兴起于美国的股权众筹，在创业大潮来临的时候，作为初创企业融资的主要手段，开始崛起。

2009年，众筹平台Kickstrter在美国成立，致力于多种创意项目资金的募集。2011 年，标准的、世界第一家股权众筹平台 Crowdcube 在英国上线，并制订了一套标准流程：融资方提出申请、制订融资计划书（说明转让的股权比例、目标融资金额、股权类型，是否有投票权）、筹资期限等。2013 年，国内正式诞生第一例股权众筹案例。然而，股权众筹在中国的发展并不平顺，由于政策的迟滞，导致股权众筹平台容易出现多种不合规性发展。但我相信，创业与众筹正是互联网时代最美的邂逅。

今天，创业型社会可以说是商业创新和社会创新的共同结果。创业型经济发展的结果必然是创业型社会，因而我们应当将其作为深耕"双创"战略的重要目标，作为落实全面建成小康社会战略布局与实现中华民族伟大复兴中国梦的重要途径。

提笔至此，一时兴起，仿写一诗，以表心情。

岭南烽烟正一年，创业艰难百战多。

前贤诸君多努力，捷报无忘告乃翁。

此去揭阳招旧部，一柱天南百战身。

取义成仁今日事，人间遍种自由花。

冯叔君

2017 年仲秋之夜于上海

目　录
Contents

第三章 沃土

第四章 灵魂

第七章 路线

第八章　溢出

第一章　循　环

第一节

经济新革命　中国新挑战

价值链是全球经济循环中最为关键的链条之一，谁占据了价值链的核心环节，谁就掌控了整个价值链的财富流向。未来全球竞争是价值链竞争，构建中国自己的全球价值链战略应上升为国家战略，这是中国从经济大国迈向经济强国的关键[1]。

——张茉楠《全球新一轮产业与科技革命对中国的新挑战》

全球新一轮科技和工业革命正在蓬勃兴起，国际产业结构加速调整，国际经济体系进入了变革的深水区和空前复杂期。由此带来的新产业、新经济加快成长，为中国经济转型升级、跨越"中等收入陷阱"提供了难得的历史性机遇。我们必须紧紧抓住这一机遇，从战略的高度谋篇布局，加快发展新经济、培育壮大新动能，实现新旧发展

---

[1]　张茉楠.全球新一轮产业与科技革命对中国的新挑战.金融与经济2016（6），28-31.

动能接续转换，打造经济增长新的发动机。特别是2008年国际金融危机爆发后，全球在经济金融方面的博弈与角力主要体现在新产业和新科技领域。对中国而言，这是前所未有的新挑战。中国要加快实施创新驱动战略以提升国家竞争力，在新的国际格局中占据有利位置。

1. 基于全球价值链的中国经济新挑战

价值链是全球经济循环中最为关键的链条之一，谁占据了价值链的核心环节，谁就掌控了整个价值链的财富流向。未来全球竞争是价值链竞争，构建中国自己的全球价值链战略应上升为国家战略，这是中国从经济大国迈向经济强国的关键[①]。

全球价值链主导全球贸易格局的深层次改变。近十多年来，国际分工越来越表现为相同产业不同产品之间和相同产品内不同工序、不同增值环节之间的多层次分工。国际分工的范围和领域不断扩大，逐渐由产业间分工发展为产业内分工，进而演进为产品内分工为主的国际分工体系。

以产品内部分工为基础的中间投入品贸易称为产品内贸易，从而形成了"全球价值链分工"体系。"全球价值链分工"有三个显著特征：一是最终产品经过两个或两个以上连续阶段的生产；二是两个或两个以上的国家参与生产过程并在不同阶段实现价值增值；三是至少有一个国家在其生产过程中使用进口投入品。

---

① 张茉楠.新一轮产业与科技革命带来哪些新挑战.中国中小企业2016（1），74–77.

根据世界货物出口量平均增长速度的统计结果来看，全球价值链、产业链和供应链对国际生产、国际贸易和国际投资产生了深远的影响，让全球市场依存度日益加深，但与此同时，全球价值链也给国家经济安全带来新的挑战：

第一，全球价值链加强了全球经济的协同，放大和加快了冲击的国际传导，放大了全球贸易增长或下降的波动风险。原因是链条上产品的不同生产环节位于不同国家，造成中间贸易品跨境贸易频繁，从而贸易量受冲击的程度被放大；同时全球供应链条高度复杂，各环节联系紧密，其中某一环节发生问题，通过结构效应和供应链效应将很快传递到整个贸易生产链条。

第二，全球价值链放大了中间品进口比例高的企业受关税影响

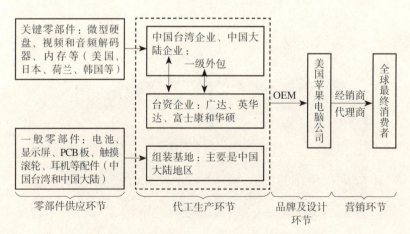

图 1.1.1 美国苹果公司 iPod 产品的全球价值链分解

资料来源：百度图片

的风险。这是因为全球生产链的延伸拉长使中间进口品多次穿越国境，每次小额关税的积累终将拉高出口企业实际承担的关税负担。OECD（经济合作与发展组织，Organization for Economic Co-operation and Development）关于全球价值链的贸易政策报告显示，2009年中国制造业总出口关税只有4%，但换算成出口国内增加值所负担的关税时（即中国出口商实际负担的有效关税），升高到了17%，高于美国、欧盟、日本、越南等。

第三，参与全球价值链的跟随企业可能面临"低端锁定"风险，并引发社会、环境、劳工条件、职业安全与健康、就业保障等诸多问题。面对全球化分工体系的不合理性，提高我国利用外资的层次，需从根本上扭转我国处于全球价值链纵向分工体系中的不利地位。

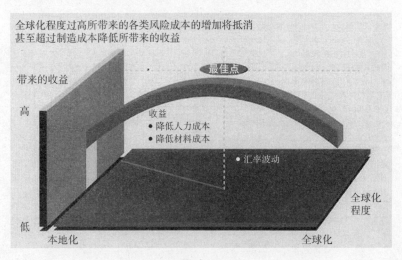

图 1.1.2
资料来源：百度图片

总而言之，全球价值链对国际贸易带来的风险源包括：经济风险，如需求冲击、大宗商品价格剧烈波动、全球能源短缺、关税波动、劳动短缺、边境延误、所有权或投资限制、汇率波动；环境风险，如自然灾害、极端天气和疾病传染；地缘政治风险，如冲突与政治紧张、进出口限制、恐怖主义、腐败、非法贸易与有组织犯罪、海盗；技术风险，如信息通讯阻断、交通基础设施故障等。

2. 新经济发展正在带来经济社会的革命性变革

新经济是伴随新一轮科技和工业革命而产生的经济形态。早在20世纪90年代，美国就提出了"新经济"的概念，主要是指随着信息技术革命和全球化的发展，美国经济出现了长达10年时间的高增长、低通胀、低失业率、低财政赤字的现象，当时人们认为这将打破过去的经济周期[①]。我们现在提出的"新经济"，与此即有联系，都是在信息重大突破的情况下发展起来的经济形态。美国学者里夫金认为，第三次工业革命就是互联网与新能源的结合，将带来一种新经济模式。瑞士世界经济论坛主席施瓦布提出的第四次工业革命，是指进入21世纪以来，在数字革命的基础上出现的与互联网和智能化相关的经济发展。

一提起新经济，人们自然想到的就是高新技术产业，还有战略性新兴产业，它们之间有什么联系和区别？新经济包含了高新技术

---

① 刘淑燕.新经济时代的人力资源管理.现代企业文化2010，39（32），50–51.

产业和战略性新兴产业，这是新经济的主体；新经济又是与传统经济相区别的一个概念，是指在传统经济基础上发展起来的新的产业和经济形态。新经济的突出标志就是信息化和智能化，表现为与新的科技和工业革命相联系的新技术、新产业、新业态、新模式。随着互联网、物联网技术日新月异的发展，我们已进入一个"万物互联"的时代。电脑和手机成为"万物互联"的智能终端，可以迅速联通全世界经济社会的各个方面。新经济以4G通信和互联网（移动互联网）等新一代信息技术为基础，加速向第一、二、三产业以及各行各业渗透扩展，融合生成许多新的产业形态。随着新一代大容量、高速度电脑技术的发展，智能装备在农业、工业、服务业各领域，不仅替代人手劳动，而且越来越多地替代人脑劳动，形成智能化、自动化的生产生活方式和经济社会模式。

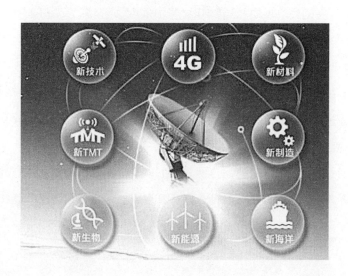

新经济的发展正在带来一场影响深远的革命性变革。新经济以其颠覆性技术、创造性破坏，不断催生经济新模式，呈现出高智慧、轻资产、零成本、微行为、众力量等新特征。在互联网经济发展中，高智力的人才资源越来越重要，实物资产的价值相对下降，大量分享互联网信息资源使成本变得微不足道，微信、微博、微贷、小批量个性化定制等微行为正在兴起，众创、众筹、众扶、众包等大众参与型分享经济蓬勃发展。"互联网+"、智能制造等广泛应用，虚拟与实体深度融合，正在形成新的生产方式、产业形态、商业模式。与此同时，传统产业更多地与互联网、智能化相结合，加快改造升级步伐，实现脱胎换骨般的新变化。新经济正在创造人们的新生活，催生新的社会管理方式。越来越多的人融入数字化新生活之中，网上定购、电子支付、网络互动、远程教育医疗等正在改变人们的生活方式。电子政务、智能交通、智慧城市、智能家居等日益发展，正在创造新的社会管理模式。

3. 新经济与新一轮技术革命对中国经济的挑战

我国正处在新旧发展动能接续转换的关键阶段，旧的发展动能趋于弱化，新经济、新动能在加快成长。由于中国经济的多层次、复合性特征，既有新经济的蓬勃发展，也有量大面广的传统经济；既有工业4.0的新领域，还有大量的"工业2.0""工业3.0"，甚至还有"工业1.0"的传统产业。新经济在整个经济中所占比重还不大，短期看还不足以弥补和替代传统经济的下降，但新经济形虽弱

什么是工业4.0？

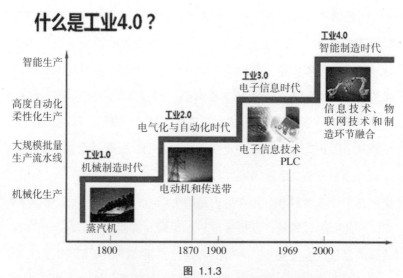

图 1.1.3

资料来源：警示！中国制造业的升级与转型出路在于工业4.0
http://mp.weixin.qq.com/s?__biz=MjM5MjU4MjQ0MA==&mid=403419432&idx=2&sn=
5baa10098264918c0099959e669382a2&3rd=MzA3MDU4NTYzMw==&scene=6#rd

而势渐强，正是未来中国经济发展的希望所在。中国经济由过去的
高速增长转入中高速增长的新常态，要突破发展的瓶颈约束和增长
的"天花板"，成功跨越"中等收入陷阱"，必须紧紧抓住新一轮科
技和工业革命的历史性机遇，实施"弯道超车"战略。

　　全球化制造下，新经济及技术革命对中国经济的挑战：金融危
机后全球各国推出制造强国战略。2008年国际金融危机之后，世界
各国为了寻找促进经济增长的新出路，开始重新重视制造业，美国、
欧盟、德国、英国等纷纷推出制造业国家战略。美、德、日等发达
国家将焦点锁定在以新一代互联网、生物技术、新能源、高端制备

为代表的七大战略性新兴产业上，展开了新一轮的增长竞赛，试图抢占新一轮经济增长的战略制高点。如美国政府就出台了《先进制造业国家战略计划》《美国创新战略：推动可持续增长和高质量就业》及《出口倍增计划》等诸多法案，提出优先支持高技术清洁能源产业，大力发展生物产业、新一代互联网产业，振兴汽车工业；日本于2009年4月推出新增长战略，提出要重点发展环保型汽车、电力汽车和太阳能发电等产业；韩国则在《新增长动力规划及发展战略》中提出：重点发展能源与环境、新兴信息技术、生物产业等六大产业，以及太阳能电池、海洋生物燃料、绿色汽车等22个重点方向。早在2010年，欧盟提出"欧洲2020战略"，其三大发展重点中的"智能增长"就涵盖了"再工业化"的主要内容，而于2012年10月发布的《指向增长与经济复苏的更强大的欧洲工业》，就更明确地设定了"再工业化"战略的目标，即到2020年将工业占欧盟国内生产总值的比重由当时的15.6%提高到20%。在成员国层面，包括法国、英国以及西班牙在内的许多国家纷纷制定了相应的"再工业化"战略，如英国2011年发表的《强劲、可持续和平衡增长之路》报告中提出了六大优先发展行业，法国于2012年新成立了生产振兴部来重振法国工业，西班牙于2011年以"再工业化援助计划"的方式，由政府出资约4.6亿欧元资助国内的再工业化项目等。德国政府正积极推进以"智能工厂"为核心的工业4.0战略，支持工业领域新一代革命性技术的研发与创新。

工业4.0引发新一轮全球制造业革命。国际金融危机之后兴起的新一轮产业革命，既是一场数字化革命，更是价值链革命，重新塑造全球产业竞争格局。目前，智能化工业装备已经成为全球制造业升级转型的基础，发达国家不约而同地将制造业升级作为新一轮工业革命的首要任务。美国的"再工业化"风潮、德国的"工业4.0"和"互联工厂"战略以及日韩等国制造业转型都不是简单的传统制造业回归，而是伴随着生产效率的提升、生产模式的创新以及新兴产业的发展，特别是德国"工业4.0"战略更被视作新一轮工业革命的代表。标准之争成为全球制造业竞争的新方向。全球制造业竞争的方式已经发生深刻变化，技术专利和标准控制已经成为重要的国际竞争工具。发达国家越来越深刻意识到，标准尤其是关于安全、健康和环保等方面的标准，代表着掌控科技、掌控产业的进一步发展。

在全球愈演愈烈的创新竞争中，中国面临着创新强度普遍偏低，"追赶窗口"正在收敛，创新"后发优势"不突出，以及创新人才严重流失等多重风险与挑战。第一，中国国家创新竞争力与经济实力不匹配。中国科学技术发展战略研究院发布的《国家创新指数报告2013》评价结果显示，美国凭借雄厚的创新资源和优异的创新绩效，成为最具创新能力的国家。日本和韩国依靠突出的企业创新表现和知识创造能力，分别位居第2位和第4位，继续领跑其他亚洲国家，中国国家创新指数虽然比上年提高1位，但排名仍居全球第19位。此外，根据美国康奈尔大学、欧洲工商管理学院和世界知识产权组织联合发布的《2014年全球创新指数报告》，高收入经济体占据了该年排行榜的前25位，其中瑞士、英国、瑞典、芬兰、荷兰等欧洲经济体依次位居"最具创新力经济体"的前5位，在中等收入经济体中，尽管中国、巴西是创新领域的领头羊，但中国仍居第29位，与中国经济实力排名严重不匹配。第二，总体而言，中国国家创新强度普遍偏低。美国制造业研发强度为3.35%。数据显示，中国作为全球规模最大的制造业基地，2013年的制造业研发强度只有0.88%，而日本2009年已经达到4%，2008年美国已经达到3.3%，德国为2.4%，中国制造业研发强度远低于发达国家在2008—2009年的研发强度。第三，中国技术创新的"追赶窗口"正趋收敛，中国战略新兴产业也出现了类似于传统产业那样的技术差距和技术鸿沟。第四，作为后发国家的创新"后发优势"并不突出。后发优势是后发国家追赶先进国家的重要影响变量。从成功实现技术追赶的国家经验来看，技术引进与消化吸收的经费比例均达到1∶3左右，而中国在2009年为1∶0.43，2011年为1∶0.45，2012年反而下降为1∶0.397。关键行业的技术消化吸收力度均严重不足，通用设备制造业这一比例为1∶0.39，专用设备制造业为1∶0.33，计算机产业仅为1∶0.05，仪器仪表产业为1∶0.26。这是以往注重投资于物化技术、忽视技术能力的必然结果。第五，创新核心资源——人才严重流失。世界各国几乎都制订了面向未来的创新性人才引进和培养计划，人才特别是高端技术人才争夺十分激烈，很多国家把目光放在下一代尖端人才培养争夺上。而中国创新人才流失现象十分严重。相关权威数据显示，我国流失的顶尖人才数量居世界首位，其中科学和工程领域的海外滞留率平均达87%。

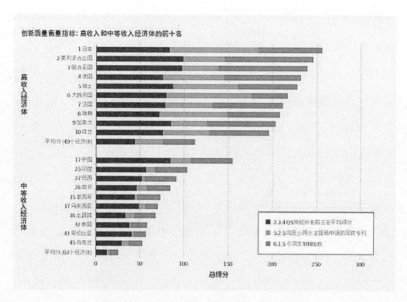

创新质量衡量指标：高收入和中等收入经济体的前十名

图 1.1.4

资料来源：2016全球创新指数报告《全文》35/81 页
http://www.gov.cn/xinwen/2016-08/16/5099839/files/c4db7c55f48e4eaeb1d330cf9a
9e9915.pdf

　　大数据对中国非传统安全的新挑战。在大数据时代，数据安全面临更为严峻的挑战。数据主权将成为各国对数据及相关技术、基础设施等进行治理和管辖的基础。据专业机构麦肯锡预测，预计到2020年，全球数据使用量将达到约40 ZB（1 ZB=10亿TB），将涵盖经济社会发展各个领域。大数据时代，国与国竞争焦点正从对资本、土地、人口、资源/能源的争夺转向对大数据的争夺上，制信（数）权成为继制陆权、制海权、制空权之后的新制权。大数据革命对于美国实现这一战略目标来说，是一把"利器"，可以大幅提升自身的全球数据采集能力、监控能力、分析能力，从而对我国大数据安全、大数据资产流失造成更大风险。

在进出口商品和服务中的经济安全风险日益加大。《中国经济和信息化》研究称，中国的信息安全在以思科为代表的美国"八大金刚"（思科、IBM、Google、高通、英特尔、苹果、Oracle、微软）面前形同虚设。这些企业直接或者间接与美国安全部门有联系和合作，必要时，可以利用他们的产品与服务获取中国政府和企业的包括敏感经济信息在内的各种信息，甚至可以直接对中国的相关设备进行攻击。

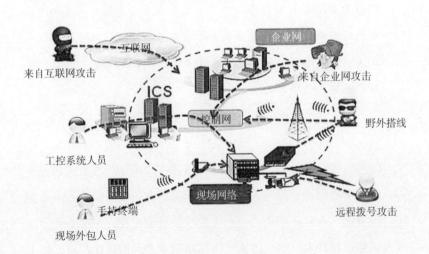

第二节
"中国智造"急需新商业模式

中国智造业起步较晚，与发达国家还存在一定的差距，但在国家政策的大力推动下，中国智造业还是取得一定的发展，形成了一些优势企业，以智能控制系统、工业机器人、新型传感器、自动化成套生产线为代表的智能制造装备产业体系初步形成[①]。

——李富《中国智造业的发展困境及对策》

改革开放以来，中国制造业发展迅速，2010年产值正式超越美国，成为全球制造业第一大国，但中国制造业的发展面临着多重困境，一方面，人口红利消失，用工荒现象普遍出现，制造业劳动力成本优势逐渐丧失；另一方面，中国制造业产品同质化严重，技术含量不高，与发达国家前沿制造业水平还存在一定的差距，企业间

[①] 李富.中国智造业的发展困境与对策.开放导报2016（2），59-63.

恶性竞争严重，造成制造企业生存困难，而以前高能耗、高污染和高投入的生产方式已难以适应经济发展的需要，急需进行产业转型升级，发展现代智造业。

1."世界工厂"遭遇挑战，中国智造急需洪荒之力

我国目前仍是制造业竞争力排名第一的国家，但我国将在2020年前被美国超越，竞争力下滑至第二名。针对这一不利现状，我国产业发展亟待由"制造"向"智造"转变。

经济新常态下，我国顺势推出供给侧结构性改革，这一改革的重点在制造业，难点在制造业，出路也在制造业。事实上，各国制造业均经历了一个从弱到强的过程，我国制造业强国进程可分为三个阶段：2025年迈入世界制强国行列；2035年整体达到世界制造强国阵营中等水平；2045年综合实力进入世界制造强国行列。在这一宏伟目标下，我国产业发展又该如何从"制造"迈向"智造"？

从世界范围来说，无论是第三次工业革命，还是德国的工业4.0，都确实是一场科技革命和产业的变革。在这种变革中，如果跟上了进步的步伐，就能脱颖而出；而如果视而不见，或者步伐太慢，就可能被潮流所淘汰。这是一个必然的趋势。针对这一现状，我国制造企业需要关注人才、技术、生态系统、合作模式等竞争力驱动因素，方能保持竞争优势乃至成功突围。对此，当前智能制造首先要解决互联互通的问题，建立统一规范的标准体系。此外，还要克服核心技术缺失，在高端传感器、传感技术、控制技术等方面

掌握核心技术。我国重大技术装备正在从跟随发展走向创新引领，从低端的"物美价廉"迈向"质优价高"的高端发展之路。

在"中国制造2025"规划中，智能制造是主攻方向。近些年我国智能制造技术及其产业化发展迅速，并取得了较为显著的成效。但就目前中国智能制造的现状而言，我国与发达国家相比差距还是很大的。总体来说，我国发展智能制造产业，有短板，更有优势。

当前，国内工业化进程差异很大是我国推进智能制造最大的短板，由此带来的生产模式与材料、信息融合、管理升级、人才培养

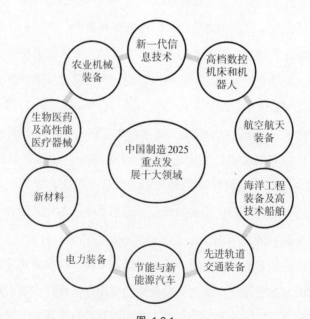

图 1.2.1

资料来源：机械军工——中国制造2025之国企改革、模式突围和隐形冠军
http://blog.sina.com.cn/s/blog_5c482f5e0102vmr0.html

与教育、平台架构缺乏、安全风险等几大制约因素禁锢着我国智能制造产业的进一步发展，如果能在国家资金、政策的支持以及各地区企业的共同努力下，攻破这几大制约因素，我国的智能制造之路将走得更加扎实。

短板之外，我国也有自己独特的产业优势。我国是世界最大的制造业国家，素有"世界工厂"之称。同时，我国也是互联网应用大国，如果把这两个优势发挥好，特别是把工业企业和互联网企业更好地融合在一起，那就会补上短板，化不利为有利，发挥现有优势，加快整个工业化进程。

资料显示，我国在2010年、2013年和2016年连续三年蝉联制造业竞争力排名第一。这样的成就靠的不仅是产品的低成本，还有我国日益完善的创新生态系统。每年显著增长的研发开支以及理工科专业毕业生、注重技术商业化以及强劲增长的风险投资，都成为我国发展创新生态系统的有利条件，可以巩固先进技术在未来制造业中的作用。

由此可见，确保人才是产业取得创新发展的重中之重。对此，政府与企业应专注发展差异化人才战略，包括差异化的人才招募、培养和保留策略。同时应致力于发现和建立新的合作模式，以便有效利用组织以外的人才资源。

人才战略之外，我国还应抓好五大工程的组织和实施，即国家制造业创新中心建设、智能制造、工业强基、绿色制造、高端装备创新五项重大工程；抓好《中国制造2025》有关政策的细化和落地，调动更多地方政府参与到"中国制造2025"的工作中，形成中央和地方共同推动制造强国建设的发展格局；最后，还要做好各部门工作之间的统筹协调，包括规划之间的衔接、各部门之间政策相互配套、省部之间联动。只有这样才能真正把规划变成年实际行动，把行动变成效果，一步一步地把规划落实、呈现出来。

2. 打造"中国制造"创新中心 发展智造强国

新一轮科技革命和产业变革蓄势待发，全球制造业创新体系也随之转变：创新载体从单个企业向跨领域多主体协同创新网络转变，创新流程从线性链式向协同并行转变，创新模式由单一技术创新向技术创新与商业模式创新相结合转变。以具有跨界、融合、协同特征的新型创新载体为核心的全球制造业创新生态系统正在形成。为应对变革，发达国家着眼于全面提升制造业核心竞争力，抢占未来竞争制高点。如，美国积极构建制造业创新网络，英国加紧建设"产业技术创新中心"，都是力图弥补技术创新与产业发展之间的断层，促进实验室技术向实际产品转移转化。对于中国制造业来说，要深刻洞察这一变革趋势，将创新中心建设提升到国家战略的高度上，否则就有可能再次拉大与发达国家的差距，在未来竞争中处于被动地位。

当前，我国已经建成门类齐全、独立完整的制造业体系，成为全球第一制造业大国[①]。但传统的制造业创新体系已难以适应经济社

---

① 李巍.提升工业软实力 推动制造强国建设.军工文化2017（7）.

会发展需要，亟待实现三个深刻的转变：一是打造新型创新链，实现由引进技术为主向自主创新的转变。技术引进是后发国家在工业化中前期实现追赶发展的主要途径。国际经验表明，进入工业化后期之后，必须扬弃这种发展模式，构建满足产业内生发展需求的技术供给体系。二是打造新型产业链，实现由单项技术产品攻关向全要素汇聚的产业链转变。我国长期以来存在比较严重的"技术孤岛"现象，创新资源要素在产业链的各环节上的多头部署和分散投入，导致一些重点领域迟迟无法实现整体突破发展。全球竞争正由产品竞争转向产业链竞争，基于全产业链的创新要素整合能力决定制造业整体竞争力水平。三是打造创新生态系统，实现由关注单一企业局部创新环境改善向重视营造产业跨界协同创新环境转变。我国制造业创新过去长期遵循从部署科研项目到技术研发突破，再到产品产业创新的线性模式，这一模式已难以支撑技术和产业跨界融合发展的新需求，亟须打造涵盖技术、人才、平台、政策以及国际合作等要素互动融合的制造业创新生态系统。

从定位上看，国家制造业创新中心是国家级创新平台的一种形式，是由企业、科研院所、高校等各类创新主体自愿组合、自主结合，以企业为主体，以独立法人形式建立的新型创新载体；同时，也是面向制造业创新发展的重大需求，突出协同创新取向，以重点领域前沿技术和共性关键技术的研发供给、转移扩散和首次商业化为重点，充分利用现有创新资源和载体，完成技术开发到转移扩散到首次商业化应用的创新链条各环节的活动，打造跨界协同的创新生态系统。2025年前后形成制造强国创新体系。从建设目标上看，我国将逐步推进创新中心建设工程，第一阶段：到2020年，国家制造业创新体系核心初具规模。在部分重点领域建成创新中心，掌握一批重点领域前沿技术和共性关键技术，行业共性关键技术供给机制初步形成，部分战略必争领域实现与发达国家同步发展，优势领域竞争力进一步增强，为我国基本实现工业化，进一步巩固制造业大国地位提供有力支撑。第二阶段：到2025年，进一步完善国家制造业创新体系。在《中国制造2025》确定的新一代信息技术、高档数控机床和机器人、航空航天装备、海洋工程装备及高技术船舶、先进轨道交通装备、节能与新能源汽车、新材料等十大重点领域，

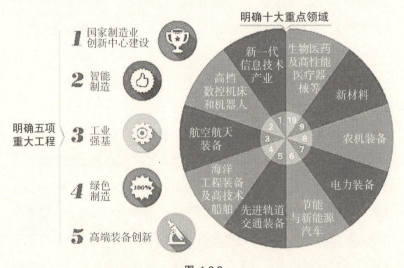

图 1.2.2

资料来源：《中国制造2025》出台（图）

http://news.163.com/15/0520/02/AQ1CDHOG00014AED.html

形成一批创新中心。在创新中心支撑下，制造业整体素质大幅提升，创新能力显著增强，劳动生产率明显提高，形成一批具有较强国际竞争力的跨国公司和产业集群，在全球产业分工和价值链中的地位明显提升。

2025年制造强国创新体系的功能：一是加强产业前沿和共性关键技术研发。面向战略必争的重点领域，开展前沿技术研发及转化扩散，强化知识产权战略储备与布局，突破产业链关键技术屏障，支撑产业发展；面向优势产业发展需求，开展共性关键技术和跨行业融合性技术研发，突破产业发展的共性技术供给瓶颈，带动产业转型升级。二是促进技术转移扩散和首次商业化应用。打通技术研发、转移扩散和产业化链条，形成以市场化机制为核心的成果转移扩散机制。通过孵化企业、种子项目融资等方式，将创新成果快速引入生产系统和市场，加快创新成果大规模商用进程。三是加强制造业创新人才队伍建设。集聚培养高水平领军人才与创新团队，开展人才引进、人才培养、人才培训、人才交流，建设人才培训服务体系，为制造业发展提供多层次创新人才。四是提供制造业创新的公共服务。提供技术委托研发、标准研制和试验验证、知识产权协同运用、检验检测、企业孵化、人员培训、市场信息服务、可行性研究、项目评价等公共服务。五是积极开展国际交流与合作。广泛开展国际合作，积极跟踪国际发展前沿，通过项目合作、高水平技术和团队引进、联合研发、联合共建等形式，促进行业共性技术水平提升和产业发展，探索国际创新合作新模式。

3. 新商业下的智能制造，也讲"天时、地利、人和"

智能制造的核心是人工智能，而人工智能正在成为新的投资热点。据美国第一大商业银行美国银行（Bank of America）预测，到2020年，人工智能可能形成700亿美元规模的市场。公众已经意识到，就像PC、手机和互联网一样，人工智能会成为下一个大事件。人工智能产生的影响并不限于局部，而是会深刻地影响和改变几乎所有产业，带领我们走进一个"智能商业"的新时代，带来商业范式的变革。商业范式指的是企业所共同接受的商业假设、理念、价值逻辑和实践模式的总和。它与商业模式不同，后者更强调单个企业的业务模式。在智能商业的时代，企业所选择商业模式虽然可以大相径庭，但是它们遵守的是同一套、不同于过去的价值逻辑体系。

时代正在发生改变。要搭上智能商业的"顺风车"，光知道"车要来了"是远远不够的，还必须掌握车辆到达的时间、地点，并且要用正确的方式买对车票上车。以下，我们将探讨智能商业的一系列问题。一是智能商业时代会在什么时候到来（天时）？二是哪些行业会从中受益（地利）？三是企业又应该如何调整商业模式去适应和拥抱新的机会（人和）？

天时：智能商业时代何时开启？其实今天从智能手机、智能家电到智能电动汽车，我们的身边充斥了大大小小、五花八门的智能产品。但是智能产品出现本身并不代表着我们的商业范式发生了变化。企业仍然按照以往的逻辑进行产品的研发、生产与销售，只是产品目录中多了一些具有智能交互功能的"智能产品"罢了。智能商业时代的业务范式是完全不同于今日的：届时智能终端所产生的数据会被广泛地应用于算法的迭代优化，同时反过来指导和改变企业的各项业务活动。如果说今天的商业活动是由资本驱动的，那么智能商业的一个重要标志是：数据将会替代资本，成为整个商业系统运行的根本驱动力。因此这样看来，今天智能终端的出现只是一个"序章"，距离智能商业时代的真正开启尚有时日。

　　所以时代交替会在什么时候发生呢？答案是：或许并不会有明确的分界。在《只有偏执狂才能生存》一书中，作者安迪·格鲁夫（Andrew S. Grove）用"变脸"来比喻战略转折点的来临：不知不觉中一张脸消失了，与此同时，一副新面孔也显现了，你无法准确地说第一张脸消逝、第二张脸新生的那转瞬一刻。你所知道的只是在那过程的开始你见到的是一副模样，而到结束时又是另一副模样。可以肯定的是：智能商业时代的开启不会是"忽如一夜春风来，千

树万树梨花开"的骤变，而是悄然、渐次地改变各个产业的游戏规则。有一些行业转变得早一些，另一些则转变得晚一些。而如果深入到某个行业，我们也很难判断是哪一天、哪一刻，它正式进入了智能商业时代。因此，预测智能商业时代的起始时间不仅不具有可行性，意义也不大。重要的是，通过一些趋势指征，我们可以判断出：智能商业时代正在加速临近。而这足以让我们在今天就提高警觉，做好迎接的准备了。这些趋势指征主要体现在三个方面：算法、数据和计算能力。

智能算法一直在不断更新，在最近几年取得了突破性的发展。智能商业时代的临近，不仅仅是因为算法的突破。算法其实一直都在突破：AlphaGo固然是一个重要的里程碑，但是这样的里程碑AlphaGo并不是第一个，也绝不会是最后一个。比算法更重要的是：

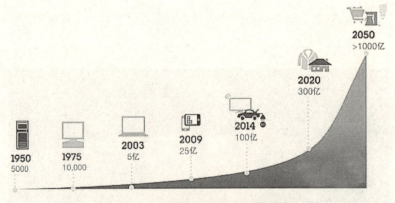

图1.2.3　技术革命推动互联网设备数量激增
资料来源："拯救"物联网的未来
http://industry.caijing.com.cn/20150831/3958723.shtml

智能商业的基础设施正在趋于成熟。基础设施是推动技术商业化的重要条件。智能算法的发展还远远不够，只有基础设施的建设也跟上来，才能将智能商业带入高速轨道。而智能商业的基础设施主要包括两个方面：数据和计算能力。

数据是智能商业非常重要的"燃料"，我们知道 AlphaGo 的围棋能力是建立在百万级别棋局的学习基础上形成的。没有百万个高手对弈的棋局数据，算法无法迭代，就不可能成就 AlphaGo 的能力。此外，算法的应用也需要数据输入。近年来大数据积累的指数级增长为智能商业爆发奠定了良好的基础。数据资源的丰富化得益于计算领域的多场技术革命。根据 IBM 的预测，2020 年互相连接的设备将达到 300 亿。这些智能设备不仅能捕捉社交和交易数据，还可以植入工业和交通设备中、走进消费者的冰箱、门锁、服装里，像触角一样渗透到商业场景的方方面面。

互联网设备数量激增的结果是：我们的数据会变得更加"3D"，即更直接（Direct）、更多元（Diverse）、更民主（Democratic）。海量的设备能够极大地丰富数据的来源，直接、全方位地搜集商业场景中的信息。它们也能够扩展可搜集数据的类型，从文字、视频、到位置、温度等，多维度地刻画场景。最后，数据的分布不再是中心化的，而是能够涵盖几乎所有的人和物。数据的积累在近两年来指数级增长，为智能商业的开启打下了坚实的基础。

计算能力是智能商业的另一项重要基础设施。从计算能力上看，智能商业对于计算能力提出了很高的要求。一方面，随着算法的进步，尤其是在模拟大脑神经网络的复杂情境下，模型所使用的参数数量难以计数；另一方面，随着数据的积累，算法所使用的数据规模也会呈指数级增长。这两个因素加起来，必定需要消耗大量的计算资源。如果硬件的计算能力没有等数量级的增长，算法的训练时间会大大延长、迭代速度难以突破，会成为智能商业发展的瓶颈。今天，计算机的运算能力在不断提升。另外，计算成本也在不断下降。未来，随着云主机、云计算技术的成熟，企业可以按需租用计算能力，可以进一步精减计算能力的投资成本，降低实现智能商业的资金门槛。

算法、数据和计算能力是促成智能商业发展的三大不可或缺的要素。近年来在这三个领域的突破性进展叠加在一起，将产生奇妙的化学反应，引爆智能商业的新浪潮。

如果我们回顾商业活动的历史，可以发现：每一次商业范式的重大变迁都会带来产业格局的重塑，使商业价值在不同产业内重新分配。从工业时代到信息时代，又诞生了一大批互联网企业，价值从传统的工业制造业转移到互联网行业。在互联网领域，诞生了越来越多像谷歌、Facebook、阿里巴巴这样的明星企业，光环盖过了能源、金融、医药等领域的传统巨头。面对商业时代的更迭，代表旧经济体势力的企业如果没有被替代的话，也会逐渐边缘化。这是前两次工业革命和信息革命中，传统企业不可挣脱的宿命。智能革命是否会带来同样的影响？如何选择符合技术趋势的产业？这是在智能商业时代我们要考虑的"地利"问题。

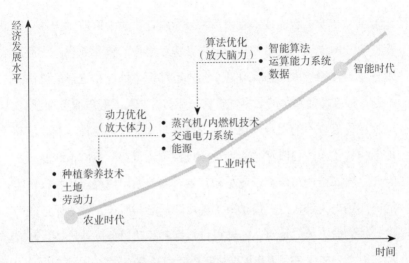

图1.2.4 智能商业时代的开始
资料来源：智能商业时代揭幕新老行业机会均等
http://www.jiemian.com/article/1221756.html

　　无论企业处于什么行业——实体产业或是虚拟经济——都能够在智能商业的生态中找到自己最合适的位置。这是因为智能商业将虚拟世界与真实的商业场景融合在了一起。对于高科技和互联网公司（例如谷歌、Facebook等）而言，它们独特的先天优势能够助力它们成为人工智能的基础服务提供商。一方面，这些企业在云计算和智能技术领域的布局领先；另一方面，多年深耕于互联网行业又帮助它们积累了规模庞大的数据。同时具备技术与数据的优势，有助于这些企业开发和迭代先进的算法，成为提供包括图像识别、语音识别、客户关系管理等一系列人工智能基础服务的服务商。

　　对于传统的各行各业而言，它们并不会轻易被新技术冲击颠覆，而是可以与人工智能技术碰撞后，重塑自身、放大价值。例如：医疗行业与图像识别技术的碰撞会提升医学影像的诊断效率。交通运输行业与预测技术的结合有助于预判道路拥堵情况和进行最优路线推荐，提高交通系统的效率。零售行业与客户关系管理服务融合后，能够进行更全面的用户画像，进行产品与客户的个性化匹配，提高促销的转化率。与以往"新兴行业代替传统行业"不同，智能商业时代，新兴行业与传统行业是相互融合的关系。传统行业将以具体的商业场景为切入点，提供更加优质的产品与服务。技术服务商则以云端的能力为立足点，通过提供数据和算法服务创造价值。两者相互交错，形成了一张数据聚集和协同的动态的网络矩阵。

当然，这样的"角色分工"并非绝对：传统企业也可以自己积累数据，在算法的更新迭代领域进行投入；技术型企业也可以渗透到行业端的商业场景中，完成智能商业的闭环。但是这只是一种选择，而非必须。重要的是，无论身处哪个行业，企业都可以找到在智能商业新生态中的位置，在此基础上进行商业价值的提升。在这其中，有两个趋势特别值得一提。趋势一：智能商业是对接和重新塑造实体产业的。从20世纪80年代个人电脑问世到2015年左右，我们见证了商业价值的重心逐渐从物理世界转向虚拟空间。有人说，我们从原子时代走向了比特时代。但是智能商业又会将我们拉回原子时代。因为智能算法一定是服务于实实在在的商业活动的。我们即将重回原子时代，传统产业将焕发新的生命力。趋势二：智能商业将会深入到产业链的前端，实现全价值链的智能化。智能商业主要影响的会是产业互联网——改变的是产业链前端的研发设计、制造、仓储物流等环节。这样，就实现了对全价值链的改造和赋能。所以说，把握智能商业的"地利"，需要我们重新审视和释放实体产业的价值。其中，价值链前端的产业互联网又是特别值得开垦的处女地。

在智能商业时代的转折点上，不仅仅要求我们把握住时间窗口（天时）、布局合适的生态位置（地利），还必须要采用正确的姿势进行智能范式的转型（人和），而这一点往往很容易被忽略。很多人认为：智能化无非就是产品与服务的智能化——添加一些智能模块、采购一些云端的智能服务，其实不然。由于产品形态和服务逻辑发生了变化，相应的商业范式也需要作出调整。只有在商业范式上彻底转型，才能将智能商业的价值发挥到最大，人和是商业范式的革命。

大多数传统的产品和服务追求的是"交易价值"的最大化。也就是说：企业最重要的任务是把产品卖出去，之后的维护修理都被视为不得不履行的义务。因此，一个企业的售后服务中心通常被视为"成本中心"也就不难理解了。但是智能产品改变了这一状况，它可以将产品转变为服务。不同于传统的物理产品，智能产品的使用恰恰是价值创造和获取的开始：客户的持续使用意味着其数据的持续输出——客户的使用习惯轨迹反映了其个性化的偏好，因此可以针对每个客户的独特需求进行算法的迭代。这样的参与使得价值创造转变为企业与客户共同创造的过程。充分关注产品的"使用价值"，而非死守"交易价值"不放，企业可以创造新的商业模式。例如：GE（通用电气）是传统的工业巨头，业务领域广泛。它制造涡轮机、飞机引擎、火车头以及医疗影像设备等产品的技术在业内领先。但是现在它已经转型成为一个智能服务的平台。GE的CEO杰夫·伊梅尔特（Jeff Immelt）曾经这样说过："一辆火车头就是一个奔跑的数据中心，飞机引擎是飞行的数据中心，它们每天产生巨量的数据，这些数据可以反馈给客户，用于提升燃油效率，改善它们的环保表现。"GE借助其在工业领域的产品影响力，正在将其转化为数据和算法的影响力。

传统制造企业的市场逻辑一般是：通过市场的细分和选择进行定位，再针对所定位人群的同质化需求，提供标准化的产品和服务。由于企业大规模生产和效率的要求，最终所满足的需求往往是"千人一面"的。而今天智能商业将能够改变这样的逻辑。这是因为，首先，通过智能化的数据搜集，可以捕捉到每个用户的个性化偏好，发现"千人千面"的需求；其次，智能化的算法也能够有效地实现产品标准化和体验个性化的组合，从而满足"千人千面"的需求。由此，原来的大众市场（Mass Market）得以优化成为人人市场（Market of One）。

在内容平台领域的"今日头条"就是利用智能算法在这方面进行了尝试。"今日头条"于2012年3月创立，在短短的几年里迅速超过很多互联网门户的影响力，其中重要原因是其智能引擎下的个性化推送，形成一个"最懂你的信息分发内容平台"。它根据用户的特征、内容浏览轨迹和环境特征匹配用户最可能感兴趣的内容特征。也就是说，打开"今日头条"APP后，每个用户看到的信息都是根据各自不同的偏好集成的。这背后依靠的是大数据和智能化的推荐引擎，实现了"千人千面"的效果。当然，"今日头条"的推送精准度还有待提高，离"最懂你"尚有距离。

大数据提供了从个体价值到群体价值发现的可能性。通过叠加客户数据，可以在云技术里实现基于数据集合的新价值创造。虽然市场从"千人一面"走向"千人千面"，但是这并不意味着客户的价值是离散的、各自为政的。恰恰相反，智能商业提供了很多将客户的个体价值转变为群体价值的可能性。例如：2014年被谷歌以32亿美元收购的Nest是一个智能恒温器的品牌。Nest恒温器通过记录用户的室内温度数据，同时连接家庭的空调、洗衣机、冰箱等家用电器，在充分了解用户使用习惯后，通过智能算法为每个家庭创建一个定制化、自动调整的能源管理方案。由于Nest同时连接着电价动态变化的数据，能够保证整个能源管理方案的节能先进性和低成本效率。这是针对个体家庭层面的价值。除此之外，Nest数据的群体价值却有更大的想象空间。如果在同一区域内有上百万家庭都使用Nest，Nest在云端就能够动态地了解整个区域家庭能源使用的数据，从而和供电企业一起更加高效地实现对区域能源的合同管理。这就是将个体价值转变为群体价值。智能商业提供了大量类似的将个体价值聚合后成为群体价值的机会，而这在传统的商业范式中是很难达成的。当然，在许多情况下，单凭一家企业很难积累和叠加足够的数据，因此就需要在不同的企业间建立合作的网络，进行数据的分享和价值的再创造。

今天行业同质化竞争现象的一个很重要的原因是：企业对行业边界的理解是固化的。它们关注相同的竞争要素，最终走向了竞争的趋同。而智能商业打开了一个真正"以用户为中心"的模式。通过对用户动态数据的积累和计算，企业能够了解用户全方位的偏好和需求，因此整合其他相关产品与服务就变得相当自然了。当企业致力于更加精准地满足每一个客户对多样化、便利性、及时性需求的追求时，行业的游戏规则就被完全改变了。以智能冰箱为例：过去作为白色家电的冰箱主要是在价格、性能以及售后服务等方面进行竞争。未来，智能冰箱将能够自动调整冰箱模式，让用户随时了解存储食物的保质保鲜状态和使用数量，始终让食物保持最佳状态。不仅如此，通过聚合这些数据以及用户的健康状况数据，智能冰箱还可以有效地连接超市、药店、营养师等外部服务，为用户提供精准高效的健康生活建议和服务，其价值也远远超出了制冷保鲜的边界。由此可见，在智能商业时代，企业越来越不像是固守在某一行业中偏安一隅的玩家，而更像是一个连接器——连接许多不同行业的资源与数据。这种连接不仅仅是简单的流量转换，而是基于数据智能基础上的产品与服务的组合，其最终的价值在于更加精准地满足用户的需求，行业从边界约束到连接跨界。

无论是产品层面的"从交易价值到使用价值"、市场层面的"从大众市场到人人市场"、数据层面的"从个体价值到群体价值"还是行业层面的"从边界约束到连接跨界",都要求企业走出已有的商业范式,重新思考自己在新生态系统中的定位,并作出改变。古语云:天时不如地利,地利不如人和。其实,最重要的是企业积极地拥抱新的商业范式,在主动学习试错的过程中探索出一条智能商业时代的转型之道。

智能商业时代的序幕正在徐徐开启。对于企业而言,不仅仅要把握住时间窗口、选择适当的发展方向,还要积极调整、适应新的商业范式,并在此过程中探索出建立和巩固企业新优势的机制。未来已来,智能商业时代将带来新的机会与挑战。唯有做好准备的企业才能脱颖而出,引领时代。[①]

---

① 廖建文、崔之瑜.智能商业揭幕,新老行业机会均等.财经.2017(3).

第二章　诞　生

第一节
精益创业

在一个成熟组织中进行运作的创业企业家有时被称为"企业内部的创业者"，因为他们面临着在大企业中创建新部门的特殊情况。当我把精益创业的概念应用到更广泛的领域、更多企业和行业中时，我逐渐认识到，企业内部的创业者和其他创业者之间的相似之处，比大多数人能想到的还要多。因此，当我使用"创业者"这个字眼儿的时候，不管企业规模、部门或发展阶段如何，我所指的是整个新创企业的生态系统。

"创业者"针对的是所有类型的创业企业家：从毫无背景、志向远大的年轻人，到像马克那样在大公司中经验丰富的远见卓识者，以及那些令他们肩负责任的人。精益创业是一系列的实践，帮助创业企业家提高新创企业成功的机会[1]。

——埃里克·莱斯（Eric Ries）《精益创业：新创企业的成长思维》

---

[1] 埃里克·莱斯.精益创业：新创企业的成长思维.北京：中信出版社.2012.

1. 什么是精益创业

精益创业（Lean Startup）是硅谷流行的一种创业方法论，它的核心思想是，先在市场中投入一个极简的原型产品，然后通过不断的学习和有价值的用户反馈，对产品进行快速迭代优化，以期适应市场。

精益创业的五项原则：

（1）创业者无处不在。所谓的新创企业就是在充满不确定性的情况下，以开发新产品和新服务为目的而设立的个人机构。这意味着创业者无处不在，而且精益创业的方法可以运用到各行各业，在任何规模的公司，甚至是庞大的企业中。

（2）创业即管理。新创企业不仅代表了一种产品（的问世），更是一种机构制度，所以它需要某种新的管理方式，特别是要能应对极端不稳定的情况。

（3）经证实的认知。新创企业的存在不仅仅是为了制造产品、赚取金钱、服务顾客，它们的存在更是为了学习了解如何建立一种可持续的业务。创业者们可以通过频繁的实验检测其愿景的各个方面，这种认知是可以得到验证的。

（4）开发—测量—认知。新创企业的基本活动是把点子转化为产品，衡量顾客的反馈，然后决定应该改弦更张还是坚守不移。所有成功的新创企业的流程步骤都应该以加速这个反馈循环为宗旨。

（5）创新核算。为了提高创业成果，并让创新者们负起相应责任，我们需要关注那些乏味的细枝末节：如何衡量进度，如何确定阶段性目标，以及如何优先分配工作。这需要为新创企业设计一套新的核算制度，让每个人都肩负职责。

2. 精益创业的指导思想和思想精髓

精益创业的指导思想是：以客户为中心，尊重客户价值，防止服务不足与服务过度，杜绝无价值的经济活动，并致力于持续改进、追求卓越、尽善尽美，不断优化投入产出。可见，精益化创业是一种消除浪费、提高速度与提升效率的方法。因此，创业者必须树立精益创业的思想。

精益创业的思想精髓：

（1）精益化创业的目标是提升效益。创业者都知道利润该怎么计算：利润=销售收入-销售成本。实际上，精益化创业就是要通过强化细节管理，降低成本，提升效率，进而提升企业效益。精细化

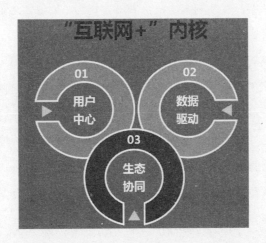

管理出效益，很多企业在这方面都尝到了甜头，恰似"小数点里有乾坤"，小细节里面藏着大效益。

（2）精益化创业的手段是降低成本。《荀子·富国》中有这样一段话："百姓时和、事业得叙者，货之源也；等赋府库者，货之流也。故明主必谨养其和，节其流，开其源，而时斟酌焉，潢然使天下必有余而上不忧不足。"所谓"开源节流"，是指开辟财源，节约开支。也就是说，创业者要树立"省到就是赚到"的成本意识，恰如美国石油大王约翰·洛克菲勒所言："省钱就是挣钱。"商界精英王永庆在公司成本控制上也有同样的感悟，"节省一块钱就等于多赚一块钱"，正是以此为理念才成就了台塑集团的辉煌。

（3）精益化创业的标准是有效价值。什么是有效价值？就是客户的实际价值需求。而客户价值，则是客户从某一特定产品（服务）中获得的一系列利益，包括产品价值、服务价值、人员价值和形象价值等。从客户实际需求出发，满足客户需求价值，这是创业企业避免价值浪费的基本指导思想。客户价值不仅体现在产品或服务上，还体现在品牌、渠道等多方面。客户价值体现在很多方面，企业要给客户最大的让渡价值——让客户付出的体力、金钱、精力更少，而得到的产品、服务与情感享受更多。要知道，客户一定会选择那些在他们心中让渡价值最高的产品（服务），即客户价值与客户成本之差最大的产品（服务）。

（4）精益化创业的导向是市场客户。精益成本管理是以客户价值增值为导向，融合精益采购、精益设计、精益生产、精益销售、精益物流、精益服务等技术，把精益管理思想与成本管理思想相结合，形成的全新的成本管理理念——精益成本管理。它从采购、设计、生产、销售和服务上全方位控制企业供应链成本，以达到企业供应链成本最优，从而使企业获得较强的竞争优势。如宇通汽车就是以客户需求为导向，在成本上领先市场，竭力为客户创造最好的产品、提供物超所值的服务。宇通的成本管控不是单纯的成本节约、削减成本，而是让成本有效，即花一定的成本达到最好的效果。让客户花费一定的资金能获得最好的产品，获得性价比最高的盈利模式。所谓成本有效，是以客户需求为导向，把成本花到最需要的地方，花到最能创造价值的地方。其目的在于对管理进行提升，对流程进行创新，对材料进行改进，提高生产率，提高产品的质量。通过实施有效成本管理，宇通对人工、物料、费用、时间、机会等成本项目进行改进与创新，取得了一定的成果。

（5）精益化创业的关键是细节管理。古语云："不积跬步，无以至千里；不积细流，无以成江海。"万涓成河，终究汇流成海，这就是细节的力量。被日本企业奉为"经营之神"的松下幸之助有一句名言："不放过任何细节。"成本管理就是这样，一个小小的细节可以酿成大危害，恰似千里之堤，溃于蚁穴。企业要发展，不仅需要精益求精地细节治理，更应树立正确的成本理念。对于"小细节大成本"，我们可以从很多方面来加以说明：如果产品或服务存在小小的缺陷而遭到客户投诉，却没有引起企业的重视，结果被投诉到政府部门或媒体，那么企业不但要承受高昂的公关成本与经济损失，甚至会一蹶不振或从此衰败。这里我们可以看看人民大会堂关于成本管理的一些小细节：人民大会堂是举行国务活动等大型活动的重要场所，建筑面积17.18万平方米，共有100多个面积不等的厅室，2005年以前，每年水、电、气、暖等几项花费就达上千万元。按照官方计算，大礼堂照明多开启一小时就多耗电近946千瓦时；一般厅室中央空调多开一小时即多耗电近1 400千瓦时；蒸汽锅炉房多运行一小时就多耗天然气240立方米。作为能耗大户，人民大会堂响应全国人大常委会机关开展节能工作号召，从细节入手，挖掘节约资源的空间，结果发生了很大变化：通道的灯只打开一小半，厅室的窗帘大多敞开着。以前大会堂各厅室夏天有活动时都要求提前一到一个半小时使室内达到23℃，现在规定只提前15分钟到半小时达到25℃，并充分利用"余冷"，在活动结束前提前关闭大冷冻机；在照明上尽量采用自然光，活动现场只提前5分钟把灯全部打开，活动进行中入场线路只留下部分照明，活动即将结束前再按规定全部开灯。

3. 精益创业的实施路径

精益化创业的核心就是在尊重客户价值的前提下降低成本，而不是在降低客户价值的情况下降低成本。低成本策略强调在与竞争对手同等条件下的低成本，而不是牺牲产品或服务质量的低成本。要知道，全世界没有一个质量差、光靠价格便宜的产品或服务能够长久地存活下来。西方管理界有这样一句名言："客户用脚来投票。"

可见，客户的需求满足了，企业也就会得到相应的回报。客户是善变的，价值需求是波动的。创业企业想留住客户并不是一件容易的事。对于创业企业，无论是随需而变，还是引领客户的精准创新，想做到都很不容易。但是，企业又不能不变，面对客户这个移动靶，创业企业必须学会打移动靶的本领。通常来说，价格是价值的标签，而成本则是价格的晴雨表。客户价值在变，价格也要变，成本更需要具备变的空间。因此，创业企业应建立柔性成本管理思想，使精益化创业理念落地。刚性成本管理是根据成文的规章制度，依靠组织的职权对企业的各种成本进行程式化的管理，又可称为准则导向型成本管理。而柔性成本管理则在此基础上，将环境这一外生变量导入组织的决策模型中，并将其作为显著影响企业经济行为和经济后果的重要参数之一，以此实现对企业的各种成本进行柔性化的管理，属于原则导向型成本管理①。柔性化的企业不仅在企业内部实现生产成本与管理成本的降低，更重要的是增加产品的创新速率和多样性，增强企业内部管理的灵活性，有效地应对客户的善变。

（1）全过程——不放过任何一个环节。台塑集团董事长王永庆认为，经营管理与成本分析，要追根究底，分析到最后一点。确实，创业企业对产品设计、工艺、采购、制造、销售、使用的整个过程发生的成本进行控制，不仅对构成产品生产成本的发生过程进行控制，也要对生产前的设计、工艺和生产后的销售、使用所发生的成

---

① 张雷鸣.柔性管理——企业管理的新趋势.乡镇企业科技2001（6），12-13.

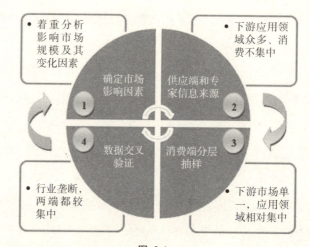

图 2.1

资料来源：反精益创业——行业分析与竞品分析：如何评估市场要素
http://news.cecb2b.com/info/20141024/2818326.shtml

本进行控制。而实施有效的成本控制，主要是要加强事前、事中和事后全过程的控制。事前控制，是指需要认真对可能出现的结果进行预测，然后将其同计划要求进行比较，从而在必要时调整计划和控制影响因素，以确保目标的实现。事中控制，又称执行控制，这是成本控制的基础与核心工作。最后是事后控制，又称反馈控制，主要是分析执行情况，将其与控制标准相比，发现问题，分析原因，以及对未来可能产生的影响及时采取措施并实施，防止问题再度发生。瑞典汽车制造商沃尔沃公司采取的就是全程化降低成本的策略，例如简化分销、减少存货、削减员工。降低成本的解决方式依赖于增加IT使用、消除中间机构、引入客户基础生产系统与过程管理。最终效果是降低存货成本、缩短交货时间、发货更为及时、客户满意度更高。

　　(2) 全员化——上下拧成一股绳。创业企业要树立全员成本控制的理念，而不是仅靠创业者自己。每一个企业员工都要增强成本意识，努力降低生产成本，这就是所谓全员参与成本控制。创业企业要充分整合和利用内外资源，建立良好的企业文化，在核心理念上形成内部共识。事实上，也只有全员参与的成本控制，才能真正实现费用成本、时间成本和质量成本的有效控制。成本控制如果没有全员的自觉参与，不仅不容易实行，而且一旦产生对立情绪，还会发生更多的成本，与成本控制的初衷背道而驰。因此，创业企业要积极构建"大家管，管大家，人人抓，抓人人"的全员成本管理模式，分解指标，明确责任，严格考核，牢固树立起干部员工"效益为先、降耗为本"的理念，确保企业效益最大化。创业企业可从下述三个方面作出努力：一是科学合理地进行成本指标分解。根据各职能部门的实际条件与职能分工，将成本指标按年、季、月将费用进行分解，层层落实，实行归口分级管理，明确责任，落实到人，做到从上到下，人人肩上有任务，个个头上有指标，构成严密、细致的全员成本管理责任体系。二是严肃月度成本计划，超前控制。创业企业要制定成本计划，逐月公布下发，月底严格考核兑现，节奖超罚。月底对当月成本完成情况进行预测，分析成本费用超降原因，总结经验，寻找差距，提出降低成本意见，上报企业决策层，作为成本改进决策参考。三是坚持勤算账、算细账的工作方法，要求企业内部职能部门及所属员工都要算成本账，分析成本情况，明确投入与产出关系，进一步提高成本管理水平，坚决完成计划任务下的成本指标。

（3）标准化——有目标才会有成功。成本管理要力求做到量化，能够定量的要定量，不能定量的要定性，做到成本管理有标准可依。标准成本也称为应该成本，是一种计划成本，这是进行成本管控的标杆。创业者还要明确一点，标准成本具有时效性，随市场变化具有动态性。因此，创业企业要根据实际情况调整成本标准。在此，重点介绍一下成本定额。企业把成本标准化就是要创业者建立各种成本定额，如采购成本定额、生产工艺定额、劳动工资定额、销售成本定额等。定额成本是创业企业项目运营成本的现行定额，它反映了当期应达到的成本水平。合理的成本定额是衡量企业成本节约或超支的尺度。通过定额化管理，创业企业可避免费用开支的盲目和随意，提高资金使用效率、运营和管理效益。当然，成本定额也是对成本责任考核的重要基础和依据。

（4）责任化——既是压力也是动力。创业企业成本管理和控制一旦失去了应予承担相应责任的明确对象，成本目标和手段等均将因失去实际载体而形同虚设。实行目标成本责任管理，就是要将指标层层分解，实行定额定量管理和限额消耗承包，从而形成人人身上有指标、个个肩上有担子，真正落实到个人，并起到促进员工"天天精打细算，月月经营核算"的作用。同时，还要根据员工的管理权限和管理范围，承担相应的经济责任。这种经济责任要与企业的费用、支出、利润相关联，更要与员工个人的经济利益及其个人在企业的发展相关。只有企业内部的每个员工都来努力完成自己的责任，避免不必要的损失与消耗的发生，企业才会具有低成本竞争力。这就是企业的成本责任。只有成本责任清晰，才能发挥员工的积极性和主观能动性，上下同心，共同降低成本。

第二节
发掘人生的"第一桶金"

人须在事上磨，方能立得住；方能静亦定，动亦定。

——王阳明

1496年，王阳明在会试中再度名落孙山。有人在发榜现场未见到自己的名字而号啕大哭，王阳明却无动于衷。大家以为他是伤心过度，于是都来安慰他。王阳明脸上掠过一丝沧桑的笑，说："你们都以落第为耻，我却以落第动心为耻。"其意就是越是艰难处，越是修心时。人生中会遇到很多的艰难困苦，越是在这种时候越能体现人的心性修养。寻常人往往慌乱悲戚，唯有修养深厚者能做到泰然处之。文天祥说："时穷节乃现。"如何才能拥有这种自觉和修养呢？

1. 自信是人生的"第一桶金"

潘石屹曾经说过，自信是他人生的"第一桶金"。这个比喻很有道理，因为自卑会限制人的发展，一个人只有在自信的状态下，才能让所有潜能得到发挥。自信的人也许并不完美，但绝对充满能量和感染力，这种能量足以让他们克服一切困难，不断超越自我。实际上，随着一个人自信的增加，那些所谓的没有安全感、迷茫和焦虑都会逐渐消失。所以，拥有了自信，你也就拥有了人生的"第一桶金"。

人生这"第一桶金"要如何去发掘呢？自信与学历、背景以及出身没有太多关系，一个人是否自信只与这两点有关：积极的思维习惯和持续可见的成就感，而这两点又是相辅相成的。因此，只要能够在不断培养积极的思维习惯的同时，让自己拥有持续可见的成就感，那么就一定会越来越自信。

（1）培养积极思维习惯。一个人是积极还是消极，主要体现在他对事物的看法上。一件事情发生了，它本身只是客观现象，不带有任何积极或者消极意义，你可以从好的一面来解释它，也可以从不好的一面来进行解释，就如一位犹太老板所说的那样："If you look for the good, you will find it. If you look for the bad, you will find it too."消极的人会习惯性地看到不好的一面，而积极的人则习惯从中找到对自己有利的点。

从消极的思维习惯转化到积极的思维习惯需要一段时间的刻意练习。我们首先需要意识到这种消极思维的存在，然后再用一种积极的解释去替换它。比如说，当有人指出你的错误或者不足时，你潜意识的第一反应可能是自己太笨了，或者自己不够好，这个时候你就需要意识到这种消极解释，并用一个积极的解释去替换，例如"太好了，我又有通过改正错误来获得成长的机会了"。

关于如何训练积极思维，我有一个不错的方法，这是我从 *The Artist's Way* 这本书中的一个叫作 Morning Pages 的练习中获得的灵感。具体来说，就是每天写"心情日记"，日记分为两部分。第一部分叫作倾诉，也就是把一天当中所经历的那些消极情绪和感受全都如实地写出来。比如说，今天某某说了什么话，让你感到很受伤，或者今天又被老板批评了，你开始有点自我怀疑，等等。意识到并且表达出这些情绪之后，就可以进入日记的第二部分——思维转换。这个时候，你需要给自己换个角色，把刚才那个倾诉的自己看成一个内心受伤的"小孩"，再把自己想象成一个"大人"，然后把你想要安慰和鼓励他的话全部写出来，换一种方式去解释今天所发生的事情。通过这种方式，让自己学着从积极的角度去看这些事情。

有人曾经因为身处激烈的竞争中而变得很自卑，这种自卑心态严重限制了自我的能力与发展。接触到 *The Artist's Way* 这本书之后，我花了整整半年的时间，每天通过这种日记的方式和自己对话。半年之后，我发现自己完全变了一个人，从一个经常自我怀疑和不敢行动的人，变成了积极的行动派，只要有想法就会去尝试。前几天有人问我，遇到情绪低落的时候怎么让自己振作起来。说实话，那次转变之后，我很少会有消极的时候，几乎每天都充满正能量，因为无论发生什么事情，我总是能找到积极的解释，然后把注意力集中在问题的解决上，内心总有个坚定的信念"There is always a way, there is always a better way"。

（2）持续可见的成就感。除了培养积极的思维习惯之外，拥有持续可见的成就感也能够帮助我们建立自信。注意，这两个修饰词——持续和可见，都很重要，因为光有成就感还不够，它最好是持续且可见的，否则这种感觉很快就会消失，不足以让我们建立和保持自信。

一提到成就感，我们能够想到的可能是工作中的成就。工作中的成就感固然重要，但是它很难达到一种持续的状态，因为工作中的项目一般时间都比较长，需要一段时间才能看到成果，而且影响成功的因素也很多，这些因素不一定是我们自己能够掌控的。如果在工作中难以获得成就感，那么我们就需要努力在工作之外寻找持续、可见的成就感，并以此来获得自信。

在日常生活中培养自信的最简单和直接的方式就是，在微信朋友圈或者微博，用"主题打卡"这种方式来培养一个积极的习惯或者某项技能。千万别小看打卡这种方式，它能够把这种看似微不足道的进步数字化和公开化。这样做的好处是，一方面数字的增长对于大脑来说是一种强化，能够增加我们的成就感，另一方面它会降低放弃的可能性，因为当我们知道别人可能在关注自己的时候，自控力会明显加强。如果能够把一件小事坚持很长一段时间，我们就会对自己的自我掌控能力有更多信心，也会敢于去做更多新的尝试和突破。

关于打卡的主题，建议可以先从"早起"这个简单的习惯开始，因为早起是个"性价比"极高的习惯，它完全不需要任何脑力的投入，只需要你对自己狠一点就行了。此外，早起还能让你每天多出一段不被打扰的高品质时光，这段时间你可以用来做一些平时想做却没时间做的事情，例如练习朗读、学做手账、写作、学习和钻研某一领域的知识，甚至是做一顿美好的早餐。可以把第一阶段的打卡目标设定为100天，因为100天的投入足以让你看到自己在某个技能或者知识领域的成长。目前，我坚持的打卡主题有：早起运动、英文早读，以及微写作，所以在你准备开始一天的工作的时候，我已经完成了1个小时的早读、1篇文章的写作和20分钟的健身。虽然，此时此刻只是1个小时朗读和1篇文章的差距，但是一年下来这个差距就会变得十分明显。

如果你目前处于对未来的迷茫状态，并因焦虑而不安，那么不如从坚持打卡100天这个小目标开始，培养一个优秀习惯或者学习一个技能。假若你真能做到，那么100天后，你一定会遇见一个不一样的自己——你会因为信心的增加而看到曾经看不到的可能，并敢于为这种可能去尝试和努力。不信的话，就试试吧，You have nothing to lose！

2. 拥有足够改变人生的勇气

人的选择很痛苦，不是因为选择的过程痛苦，而是因为你的选择太多、太贪心，你想要的太多。我们生活在物质的世界，在这样的环境下使得我们太贪婪了。最好的选择是没有选择，不忘初心，想一下我们一开始在没有任何物质的笼罩下、光环下，你想要变成谁？你想要成为什么样的人，未来的职业是什么？这很重要。

抛下之前的自己，重新认识自己，虽然很简单，但是我们很想知道大家有没有这样一个机会或时间，去站在另一个人的角度看一下自己。而那时候再评价自己的过往，回看过往会发现那个自己其实不是我们所想象的那个人。所以，我们每个人不妨去抛下现在所有的负担、忧愁、喜悦等东西，去看透自己要的是什么，这样你才能作出更适合自己的选择，别人做什么其实并不重要。

毕业之后，拥有了更足的能量和资本，去迈出更多的第一步——创业，这才拥有了足够的改变的勇气。创业的过程中，会遇到很多困难，也必定会遇到很多挫折，经常会很纠结地做很多选择。有时候付完房租身无分文，还得拿出所有的办法做市场营销。创业拼的不光是脑子，不单单是团队，更多是对一个人意志的磨炼。

创业之后，虽然累，但是很幸福。或许你可以选择另外一条路，如果当时接受那些Offer，可能就会选一个离家近、钱又多的工作。

如果选择了那样的生活，现在可能就在选什么样的地方度假，是去暖和一点的地方游泳还是去冰天雪地的地方滑雪。但是，放弃了所有这样的可能性，变成了一个现在依然身无分文的你。相信每个人在人生的不同阶段都会经历一个迷茫期，迷茫是一个常态，在你看来选择是没有任何对错的。

发现当初跟你一起创业的同学已经进入A轮、B轮、C轮融资，现在就在冲业绩去上市。将最强的人跟自己来比较，认为自己很失败。所谓失败是因为，觉得后悔了，没有利用资本市场的力量去助推你这样一个公司走上更好的平台和方向。所以，见了很多大大小小的投资人、投资机构、基金等。但是，后来有一天你突然发现，走了一些弯路，那时的心态变得非常糟糕，发现我为了去融资，把自己一开始的初心给搞乱了。所以，别人做什么真的不重要，重要的是，你要知道自己在做什么，而且坚信你自己一定可以做到。希望大家相信自己，相信自己的能量、相信自己的能力，去创造属于你自己想要的东西。

除了相信自己，在创业团队之中，还要相信你的团队。因为，你想要将整个项目、整个商业的方案、模式做成功的话，是需要一个团队来完成的。

3. 有效的创业模式——中国式众筹

"大众创业，万众创新"掀起了广大中国青年们的创业热情，然而在落地的过程中，也出现了各种不同的问题，如何用中国式众筹的思维模式助推，结合不同时期的创业特点，这些特点如下：

（1）中国经历的四次创业浪潮。改革开放以来，中国经历了四次创业浪潮。20世纪80年代，改革开放的制度引领，掀起了一股"个体创业"的浪潮；1992年邓小平南方讲话后，开启了体制内的精英，包括政府公务人员、大学教授等"下海"为特征的"精英创业"浪潮；20世纪90年代末，互联网的崛起，又催生了一批以互联网行业为主的"网络创业"浪潮；2014年，中国经济社会发展大转型的情况下，又掀起了一股"大众创业"的浪潮。

（2）三个创业发展阶段。在前互联网时代，投资者、生产者、消费者相分离，个体创业是靠创业者的个人能力、辛苦付出、一点一滴积累、打拼和苦熬出来的，这个阶段可以称之为创业的1.0时代，例如温州模式。

在互联网时代，投资者和生产者合作，创业者依靠VC、PE等投资价值链，组合好的团队或者创意好的企业拿到了投资，进入了企业发展的快车道，仍有很大一部分企业没有拿到投资，苦苦支撑，靠慢慢积累打拼。这个阶段可以称之为创业的2.0阶段，例如BAT等互联网公司。

在移动互联网时代，通过中国式众筹的模式，能够实现投资者、生产者、消费者三位一体，能够同时解决资金、人才、客户和品牌传播等创业难题，实现优质资源的快速连接，协同共享，"打群架"的众筹创业模式，我们称为创业的3.0阶段。

（3）商业价值逻辑的变化。旧合伙人是单一封闭的价值逻辑：聚到一起就是为了某个商业目标，就像射击一样，大家都拿出了全部身家，只买得起一颗子弹，所以必须瞄准再瞄准，才敢扣动扳机。

中国式众筹打造的"新中国合伙人"模式，让资源更加丰富，大部分都是所有权与经营权剥离，股东完全没必要都指望着这个项目，顺手出力就能实现资源对接，解决项目发展中的难题，而且策划阶段基本没有书面的方案，定下几个基本原则，靠股东的群策群力去实现项目的成型和后期的落地。也拿射击举例，这种形式相当于先开枪，再瞄准，在如今这种瞬息万变的市场里，赢的概率更大。

4. 大企业的精益创业案例：创业之路的源头Infosys

印度IT巨头Infosys的变革之路，像一个创业企业一样重新出发。在Vishal Sikka接管Infosys19个月后他为这家企业带来了公司结构、企业文化和业绩表现方面根本性的改变[①]。如果你曾在几年前去过位于班加罗尔电子城的Infosys总部，你会发现现在与那时已经有所不同。你可能期待看到那个角落里的房间，公司的创始人兼前董事会主席N.R. Narayana Murthy会从里面走出来，但现在这个房间已经是公司首位非创始人首席执行官、现年48岁的Vishal Sikka的办公室。而Nandan Nilekani、Kris Gopalakrishnan和S.D. Shibulal所待过的办公室旁则是那个如佛教徒般冷静的首席运营官U.V. Pravin Rao的办公室。

这个营收超过87亿美元的Infosys却急需一场改变。改变的一大原因是越来越普及的数字、云技术和物联网等新式信息技术服务模式已经削弱了Infosys这一印度IT巨头的霸权。为此，Sikka为Infosys设立了一个2020年要达到的新目标，并为这家企业带来了公司结构、企业文化和业绩表现方面根本性的改变。自Sikka宣布上任的那天起，公司的股价已经上涨了46%。

Infosys重组。摒弃了行业导向的SBU（战略业务单位结构，其

---

① 宋莉莉."大众创业，万众创新"热潮下的冷思考.中国管理信息化2017，20(6)，119–120.

中单位各自为其销售和交货负责）——SBU可谓是印度IT服务行业现在的信条，为实现更大的经济规模整合了交货服务，成为垂直行业的一部分。从某种意义上说，Infosys回到了IT服务行业5至7年前就不再实行的旧模式，此举效果如何还尚未定论。

为Infosys设立了一个2020年要达到的目标：年营业收入达到200亿美元（目前为87亿美元），净利润率30%（目前为23%），员工平均年收入达到8万美元（目前为4.9万美元）。为实现这一目标，他展示了公司的发展方向：推动软件的自动化水平使它们能处理以前需要人处理的工作、采取设计思维以解决客户的棘手问题、建立人工智能工具来提高营收生产力、了解客户需求并与客户"零距离"通力合作。

此外，他还提出了一个"零空闲"的概念，为处在"空闲"期的员工提供短期和内部项目，从而充分利用员工的劳动力提高生产利用率。变革效果立竿见影。在过去的几个季度，印度IT服务行业的领军者TCS（印度塔塔咨询服务公司）营收的年增长率从11%（2015年3月）下降到了5.5%（2015年12月）。而Infosys的增速则从3.2%增加到了8.5%，仅次于Cognizant 20%的增速。

Sikka的举措和他的前任S.D. Shibulal（在2011年5月至2014年7月之间担任公司首席执行官）的"Infosys 3.0"战略有令人惊异的相似性。Infosys 3.0战略聚焦于软件产品/平台、云计算和移动产业等新兴产业，他希望未来3至5年内，这些新兴产业的营收能占据总营收的三分之一，但该战略由于其他人的反对而失败了。

Infosys 上任前，公司面临着三大问题：一是关键人才流失后，公司的客户开始流失。二是公司正处于员工士气下降的恶性循环中。三是公司过于保守，他们的工作方式还是 IT 技术没有发展前的模样。

甚至在 Sikka 上任前，就有 13 名高管离职。他上任后，已有 5 位职位在副总裁及之上的高管离职。他们都被来自 SAP 公司的 18 人管理团队取代了。SAP 是一个实时分析平台，它也是 Sikka 过去的雇主，Sikka 通过建设 SAP HANA 赢得了"能干的管理者"的美名。业内评论家把 SAP 管理人员的涌入看作是 Sikka 任人唯亲。

现在 Infosys 早已不处在高速增长和丰厚利润的黄金时代。十年前（2006—2007 年），公司还以 45.9% 的行业最高增长率领跑，其竞争对手 Wipro 和 TCS 的增长率为 41.7% 和 40.9%。但到了 2014—2015 年，这三家公司的增长率则分别下降到 6.4%，8.1% 和 15.7%。2006—2007 年，公司的净利润增长率高达令人震惊的 55.7%，而在上个财年，该数字只有 16%。在 2008 年以美国为首的经济危机后，Infosys 增长率从 2008—2009 年的 30% 暴跌至 2009—2010 年的 4.8%。Infosys 突然间站到了历史的对立面上。在 2014 年之前，Infosys 在十年中以其峰值增速七分之一的速度增长，只得到了不到一半的利润。

Infoys 再起航。Infosys 董事长 R.Seshasayee 概括展示了 Sikka 及董事会构想出的三个目标：重返行业领先地位；调整步伐实现增长；确保增长是在长期可持续发展的基础之上。30% 的净利润率是个梦寐以求的目标。他们必须给自己这样一个远大的目标去追赶。最大的动力在于营收生产力。如果员工收入能够达到80 000美元，利润将自动产生。自动化是最大的控制杆，可以在2—5年中实现。但如果能将自动化率从82%提升至85%，营收生产力即可达到60 000美元。

发展动力。Infosys与GE签订了协议，帮助其完成涡轮的预维护工作。Infosys通过自动化改革解放了1 000个劳动力。随后，Infosys对于大交易又有了全新的目标。Infosys在7—8个季度内大交易平均成交量在5亿美元，而在过去的两个季度这个数字分别是8亿美元和近10亿美元。Infosys已经开始通过增加更多交易人数，来推动这些大客户进一步投资。可以通过自动化、人工智能以及自然语言编程科技，帮助我们提高运营效率和企业生产力。甚至连设计思维工坊（Design Thinking workshop）也已经被融入Infosys的Mysuru训练营中。从概念上来说，这是一个为未知问题构筑创意的工坊。在服务业的圣域，利润增长向来和企业人数不相关联。这就是为什么Sikka有另一个战略——自动化。

正如Sikka引用自己最喜欢的书之一——Hermann Hesse所著Siddhartha中所说的那样，知识可以言传，但智慧则不然。Infosys若得此智，方能继往开来。

第三章　沃　土

第一节

创新创业教育

> 创业取决于人——人在创办和管理公司中的选择与行动，或人在公司战略决定中的行动。创业涉及个人的动机、能力与独立性，或组织内的个人如何识别机会，并利用机会创造新的价值或获得经济上的成功。
>
> ——欧盟委员会发布的《绿皮书——创业在欧洲》

> 教育之宗旨何在？在使人为完全之人物而已[①]。
>
> ——王国维《论教育之宗旨》

1. 培养最具有开创性个性的人

大学生创新创业教育是促进大学生成长成才、实现人生价值的需要。大学生不仅要学习和掌握扎实的科学理论知识，还要有创新思维和创业意识，勇于投身社会主义现代化建设事业的伟大实践，

---

① 王国维.论教育之宗旨.教育 2014（19），64.

在创业中成就事业，在创业中成长成才。加强创新创业教育，符合大学生成长成才的需要，有利于帮助大学生更新就业思路，转变就业观念，树立创新精神，强化创业意识；有利于帮助大学生掌握创业方法，养成克服困难、承担风险的心理和意志；有利于帮助大学生积累实践经验，增强实践能力，增长实践本领，为成长成才奠定扎实的基础。随着一系列鼓励就业创业政策的出台，我们的大学生将在人生事业的征途上创造辉煌的业绩，实现自己的人生价值。

1991年，东京创业创新教育国际会议从广义上把"创业创新教育"界定为：培养最具有开创性个性的人，包括首创精神、冒险精神、创业能力、独立工作能力以及技术、社交和管理技能的培养。

教育部在《关于大力推进高等学校创新创业教育和大学生自主创业工作的意见》中指出："在高等学校开展创新创业教育，积极鼓励高校学生自主创业，是教育系统深入学习实践科学发展观，服务于创新型国家建设的重大战略举措；是深化高等教育教学改革，培养学生创新精神和实践能力的重要途径；是落实以创业带动就业，促进高校毕业生充分就业的重要措施。"

政府高度重视高校创新创业教育活动的开展，坚持强基础、搭平台、重引导的原则，打造良好的创新创业教育环境，优化创新创业的制度和服务环境，营造鼓励创新创业的校园文化环境，着力构建全覆盖、分层次、有体系的高校创新创业教育体系。

2. 为什么芬兰的创业氛围如此浓厚？

在一个人口500多万的国家，何以诞生"诺基亚"、"愤怒的小鸟"、"部落冲突"等昔日和今朝的创新巨头？创业者们给出了最好的回答。"创业是我的爱好。"来自芬兰的连续创业者汤米·阿拉帕蒂科斯基这样说。很难想象，34岁的他身价数百万欧元，在Slush大会中的路演项目——电商平台Shoop已经是他所创立的第六家公司。

为什么芬兰的创业氛围如此浓厚？"因为我们喜欢把错误的东西变好，想做出更好的产品，而且我们会自己去做这些事情。"汤米这样回答。为了保持员工的创造力，"三年一换"的流动性也为汤米所鼓励。"在芬兰，我们经常3年就换一个公司工作。我很鼓励我的员工到各个地方去工作，每个好老板都会这么做。"

（1）小市场逼出来的全球视野。除了血液中流淌的创新精神，芬兰的创造力也来源于特殊的时机与社会文化。首先，芬兰的大公司不是很多。在诺基亚倒下之后，许多高技术人员流入了创业市场。同时，芬兰不像中国人口那么多，500万人口的市场不是很大，所以全球化的视野反而会更加开阔。事实上，与往往首先深耕国内，再寻求"走出去"的中国企业不同，正是由于较为狭小的国内市场，芬兰创业者的眼光从一开始就志在全球化。

（2）"因人制宜"的"小而精"。"小而精"的芬兰创业团队在商业模式的选择上也多会"因人制宜"。"芬兰创业者更相信科技，会有更多专利性的小科技创业，而不是靠人力。"在有着"芬兰硅谷"之称、与首都赫尔辛基毗邻的Espoo地区，有许多3至5人的小团队创业者从事游戏开发。之所以多选择游戏，正是因为"游戏公司很容易创造，人少，产品在全球拥有同样的认可度"。

（3）芬兰较小的社会压力。在社会文化上，芬兰较小的社会压力也是年轻人创业包袱较少的重要原因。芬兰学生不像中国学生压力这么大，延期毕业、休学2到3年都无所谓，芬兰人也不用担心结婚、买房，如果想立刻攒钱的话，自然就不敢赌上未来去创业。

（4）创新力源于高质量免费教育体系。当然，一个国家创新实力的塑造绝非一朝一夕。芬兰人的创新能力根植于覆盖全国的免费教育体系。Cosmethics创始人兰塔宁（Katariina Rantanen）说："芬兰的教育水平非常高，培养了很多的大学生、博士生，而且所有教育都是免费的。芬兰也为教育提供了很好的基础设施，为学生提供了很好的平台，很高比例的芬兰女性也得到了良好的教育。"事实上，由于是政府鼓励学习深造，芬兰整个教育体系——不管是本科、硕士还是博士的学费全免，且这一优惠并不仅仅针对芬兰本国学生。"除了学费全免，假如你有芬兰国籍，每个月还能拿到生活费，交通几乎都是半价，这让大多数人都愿意回去上学，导致教育程度非常高。"

除了高质量的免费教育，芬兰的科学研究也会鼓励技术与商业的结合。学校会很鼓励学生去创业，生物课程中也有biobusiness的课。这门课程的作业之一，就是做一个可行的商业计划。当然，除了学校的鼓励，芬兰政府对创业创新的支持同样不遗余力。一个全球性质、创意非凡、团队优秀的创业公司最多可以向芬兰政府申请到100万欧元的支持，也会有一些私营部门提供的创业奖金。

3. 案例：芬兰于韦斯屈莱市学校创业教育的模式和特点

芬兰于韦斯屈莱市的学校创业教育，根据不同类型的学校、不同教育对象在不同受教育阶段的特点，采用创新灵活的模式加以实施。该地区学校创业教育模式主要有"迷你点子"、"于韦斯屈莱创业者学校"、"创业学校"、"团队学院"和"来自综合大学的创业者"五种。这五种创业教育模式，都有全民参与、有吸引力、团队合作在实践中学习、教练的合适角色以及可持续发展五个特点。

于韦斯屈莱市位于芬兰中部，城市初建于1837年，目前面积1 171平方公里，人口接近170 000人（2013年）。于韦斯屈莱是芬兰现代工业的中心，以先进的造纸工业、信息技术、纳米技术、能源工业、环保设备制造和医疗保健水平而闻名。于韦斯屈莱的教育也相当发达，为各个年龄段人群提供多样化的教育服务，居民中有四分之一是学生①。

于韦斯屈莱市学校创业教育模式。于韦斯屈莱的学校创业教育，根据不同类型的学校、不同层次的教育、不同的教育对象，采

---

① 高丕永.于韦斯屈莱市的创业教育.上海教育 2014（6），59—63.

用不同的模式加以实施，努力把创业教育提高到与学术教育和职业教育同等的地位，使学生拥有"第三本教育护照"。该地区学校的创业教育模式主要有以下五种：

（1）"迷你点子"（Mini Idis）创业教育模式。借鉴比利时学校创业教育模式"我的机器"发展而来。"迷你点子"创业教育从想象阶段起步，学龄前儿童或1—9年级学生画出他们梦想拥有的机器；设计阶段，由大学生编制把梦想机器变为现实的设计方案，包括技术图纸和机器工作模型；成型阶段，由于韦斯屈莱学院（Jyv skyl College）学生，根据设计方案（包括技术图纸和模型），与画出梦想机器的孩子合作，可能还要与大学生合作，制造出梦想机器的样机。

于韦斯屈莱的小萨维欧学校（Little Savio School）是芬兰最早试行这种新颖创业教育模式的学校。"迷你点子"神奇之处在于孩子们能看到梦想机器开发的全过程。目前，该校"迷你点子"试点工作已经成功结束。"迷你点子"创业教育模式以及小萨维欧学校的成功经验开始逐步推广到芬兰全国。

（2）"于韦斯屈莱创业者学校（Jyv skyl Entrepreneur School）"模式。创业课程有三个主题：项目导向学习，学习以创业精神和创新精神指导日常行动，以及通过为合作公司等企业工作的实践活动培养创业精神。该模式适用于普通高中（upper secondary schools）学生。

于韦斯屈莱市现有四所普通高中加入"于韦斯屈莱创业者学校"创业教育，姆拉麦高中（Muurame Upper Secondary School）是其中之一。该校校长阿吉·布斯迪宁（Aki Puustinen）认为"于韦斯屈莱创业者学校"的创业教育让学生开始意识到自己的能力和技能，并考虑如何在创业教育活动中发展应用。"于韦斯屈莱创业者学校"模式，已经获得很大成功，其成功经验正在被推广到芬兰的二十多家普通高中。

（3）"创业学校（Entrepreneurship School）"模式。于韦斯屈莱学院是一所职业学校。它创建的"创业学校"模式旨在使学生通过创业教育建立起与社会企业以及其他参与者的合作网络，拥有客户、策划好商务发展规划和获得企业运行的经验，以便毕业后能借助自己的创业技能和专业技能找到合适的工作。

"创业学校"模式由四个阶段组成，用年轻人熟悉的一级方程式赛车世界锦标赛（F1）的四个术语依次命名：准备区（Paddock）、排位赛（Warm-up Lap）、正式竞技赛（Race）和终点、黑白方格旗（Chequered Flag）。除终点阶段外，其余阶段皆以一个维护站（Pit Stop）为结束标志。四个阶段构成完整的三年创业教育实施路线图。学生可以根据个人学习计划、兴趣和选择从上个阶段进行到下一个阶段。

准备区阶段：出发点（start）到第一个"维护站"。该阶段通过团队学习、项目导向学习、训练营、客户服务、在岗学习等方法，启发学生内心的创业意识、形成对创业的整体认识，并帮助学生定位自己将来的职业方向。在准备区阶段，学习有关创业的必修课程（5学分）和增强专业职业技能的课程（4学分）。学生可以把创业教育课程与自己的专业职业课程如客户服务等结合起来学习，也可以与专业职业课程要求的在岗学习课时（on-the-job learning period）结合起来学习。

排位赛阶段：第一个"维护站"到第二个"维护站"。该阶段借助芬兰青年成就和青年创业者组织（Junior Achievement & Young Entrepreneur Finland）为九年级学生和高中阶段学生设计的"创业者的一年（Year as an Entrepreneur）"项目加以实施，其主要内容为学生在芬兰青年成就和青年创业者组织设立的专题网站上注册创建YE（Young Entrepreneur，青年创业者）学生迷你公司，利用学校提供的工作场地和设备，尝试以创业者身份在以可靠运作模式为基础的安全环境中工作。在迷你公司，学生通过团队合作开发商业点子找到第一批客户，用真实货币完成交易并得到收入。迷你公司运行过程中，学生接受教练的建议和指导，也可以通过芬兰青年成就和青年创业者组织设立的专题网站等寻求帮助。学生迷你公司一般运作一年，学校假期时不能运作，而且按规定必须在毕业前歇业。在排位赛阶段，学生完成创业课程（10学分）和专业职业课程规定的自选课程（10学分），或把创业课程与专业职业课程模块结合起来学习。学生还可以完成职业教育课程中规定的在岗学习课时或职业技能展示环节（vocational skills demonstration）。

正式竞技赛阶段：第二个"维护站"到第三个"维护站"。迷你公司歇业后，学生加入戴朵拉合作公司（Taitola Cooperative）。全年运行的合作公司负责发放工资、纳税等事务，学生则可以把精力集中在自己选择的经营范围或行业，学习处理创业者都会碰到的日常问题，在工作中学习合作互动，必要时从教练和社会企业的专家那里得到帮助。同时，学生可以从合作公司得到报酬。在合作公司，学生也可以开发自己的商业点子寻求自己的客户。在正式竞技赛阶段，学生完成创业课程（10学分），或者把创业课程与专业职业课程规定的职业课程结合起来学习。学生也能以合作公司成员的身份或以替其他企业工作的方式完成专业职业课程中的在岗学习课时。

终点阶段：第三个"维护站"到终点（黑白方格旗）。终点阶段是学生毕业进入职场之间的过渡阶段。学生可以继续在他们熟悉的工作环境如合作公司或创业社团中工作。这一阶段的目的是鼓励年轻人真正自主创业。终点阶段可以通过学习高级课程并获得"创业高级合格证书（Further Qualification for Entrepreneurship）"来完成。

（4）"团队学院（Team Academy）"模式。20年前，JAMK应用科技大学创造性发明了"团队学院"创业教育模式，把创业教育和工商管理专业本科学历教育结合起来，用团队企业（team enterprise）的具体形式，增强学生的团队合作能力、学习能力、自我改善自我管理能力和运行企业所需的各方面能力。JAMK应用科技大学校长尤西·哈都宁（Jussi Halttunen）说："团队学院"是超前时代的教育革新，是年轻的叛逆者。"团队学院"总教练乌拉·卢卡斯（Ulla Luukas）认为："申请加入'团队学院'的，是那些对传统高等教育模式不满的年轻人。他们渴望与众不同。"

　　"团队学院"学生在校就读三年半，需要完成基础课程、职业课程、选修课程、专项培训以及毕业论文等共210个学分。入学初期，学生在教练指导下开始组建团队企业，并在以后的就读期间结合课程学习等逐步制定企业运行规则、开发商业点子和开展企业各方面的活动。学习开始时，学生、团队企业和教练三方还需签订合同，在三方达成共识的基础上规定了学生需要学到的技能、学习技能的具体方法和持续时间，以及对学习结果的评估方法。评估结果记入学生接受创业教育证明"评估护照"（evaluation passport）。学生从"团队学院"毕业，同时获得工商管理学士学位。"团队学院"毕业生就业率高，而且几乎一半的学生毕业后两年内创建了自己的企业。

　　20年来，创新的创业教育模式"团队学院"在芬兰以及海外引起了广泛的兴趣，并被评价为："团队学院"真是得天独厚，面向未来的学习组织就是这样的。匈牙利、法国、荷兰和西班牙等模仿建立了本土的"团队学院"，巴西和英国的大学也正在试点"团队学院"模式。

　　（5）"来自综合大学的创业者（Entrepreneurs from University）"模式。于韦斯屈莱大学（University of Jyv skyl）是一所综合大学。以往，综合性大学的文科博士研究生毕业后一般在大学就业。2010年，于韦斯屈莱大学创建"来自综合性大学的创业者"创业教育模式，鼓励其人文系、教育系、社会科学系和体育健康科学系的博士研究生尝试走出象牙塔。"来自综合性大学的创业者"模式的主要培训手段为团队培训讲习会（team coaching sessions）。通过团队培训讲习会，博士研究生在教练帮助下，学习创业基本知识，学习如何商业化自己的专业知识。讲习会还全面探讨博士研究生希望以什么样的方式利用自己的专门知识去创业，引导学术研究人员客观评估自己的创业动因和创业目标，并指导他们如何定价并商业化自己的专门知识。

于韦斯屈莱市学校开展创业教育的五种模式，都具有以下五个主要特点：全民参与、有吸引力、团队合作在实践中学习、教练的合适角色和可持续发展。不难看出，于韦斯屈莱市创业教育的这些特点，与芬兰以及于韦斯屈莱的职业教育特点基本相同。

一是创业教育的良好氛围：全民参与。于韦斯屈莱地区学校创业教育的对象，除了职业学校学生，还包括学龄前儿童、1—9年级学生、普通高中学生、应用科技大学学生以及综合大学的学生。

二是创业教育的创新灵活：有吸引力。于韦斯屈莱市学校的创业教育，为提高教育效率增强吸引力，根据不同类型的学校、根据不同的教育对象在不同受教育年龄阶段的特点，创新灵活设计了教育侧重点不同的模式。比如，"于韦斯屈莱创业者学校"模式，创业课程中有供高中生选择的创办企业学习单元，但目的不是直接让学生今后成立自己的公司。再如，职业学校的创业教育，把学生迷你公司作为实践平台，通过团队合作，让学生树立良好的就业态度、学会独立、掌握企业的基本运作和技能；博士生的创业教育，除了常规的创业技能培训外，侧重引导教育对象确定自己的创业动因和创业目标，并帮助他们把自己的专业知识转化为商业资源推向市场等。

三是创业教育的强调重点：团队合作在实践中学习。于韦斯屈莱市各种创业教育模式，都强调学生既要保持个性又要在实践中学会团队合作，以此提高学生创业积极性，增强自信心，提高对自己对他人、对社会的责任心，在错误失败中磨炼战胜困难的毅力，培养解决实际问题的能力。比如，于韦斯屈莱学院有六个旅游管理专业学生，加入"创业学校"后，合作建立了一家名叫"Move NY"的公司（NY为学生迷你公司标记，以此与社会上的责任有限公司区别开来）。"Move NY"的六个合伙人经过不断磨合，为客户组织了休闲娱乐集会、运动会和亲历体验（hands-on）等商业活动，同时推介芬兰产品宣传芬兰饮食文化。公司合伙人之一的萨丽阿娜·古拉（Sarianna Kuula）强调：六个人在开发商业点子过程中必须达成共识，然后各司其职，不允许擅自行动。

四是创业教育的有力支撑：教练的合适角色。于韦斯屈莱市学校创业教育的实施过程中，参与的教师不再扮演常规的教学角色，转变成了教练。创业教练虽然退入"后台"，但承担的任务仍然很重要，必须具备足够能力根据学生团队活动的状况和进程，适时适当提出意见建议，必要时加以助推。比如，JAMK应用科技大学"团队学院"的教学实施大纲，根据三年半时间里创业教育侧重点的改变、学生在团队中的角色转换以及团队企业的不同发展阶段，规定了创业教练的四个主要职责，依次为督导、提问、培养学生的创业素质和陪练。

五是创业教育的最高目标：可持续发展。主要体现在普遍认为创业教育比仅仅鼓励学生创建企业有更加深远的意义，认为创业教育是"帮助教育对象成长为有创新能力、能与他人合作融入社会"的教育。

体现在教育对象创新创业能力的可持续发展。于韦斯屈莱市学校的创业教育，根据不同层次的教育、不同类型的学校、不同的教育对象而设计的不同模式，为教育对象成长过程中创业精神创业能力的不断提升创造了良好条件。例如，JAMK 应用科技大学"团队学院"的毕业生，工作三年后，可以申请回到母校，攻读创业和商务能力（Entrepreneurship and Business Competence）硕士学位，也可以加入"团队学院"提供的如管理专家认证（Specialist Qualification in Management）、高级创业者认证（Further Qualification for Entrepreneurs）等高级创业学习项目。

体现在创业教育模式的自身发展。JAMK 应用科技大学校长尤西·哈都宁认为创新的创业教育需要不同学科专业的横向合作。他希望能在自己的大学里出现一所多专业"团队学院"，把有创业兴趣的来自不同专业的学生吸引到同一屋檐下。该大学创业孵化中心经理、高级讲师尤哈·贝拉兰比（Juha Perälampi）在斯坦福大学举办的"建设创业型大学"大会上也提出：为了鼓励最优秀的学生脱颖而出，办法之一是成立像"团队学院"一样运作的创业型大学。此外，创业教育国际化也是创业教育自身发展的重要方面。

第二节
众创空间

　　众筹、众包、众创空间的发展为创业者提供了资金、技术、专业服务等要素支持，互联网"去中心化"和"去中介化"的趋势为中小城市与乡镇地区带来了良好的创业机遇，长尾效应日益显著使创业者机会大大增加①。

——辜胜阻等《以互联网创业引领新型城镇化》

　　历史经验表明，可持续的城镇化进程离不开产业的支撑。而创业带动就业，为城镇化奠定了坚实的产业基础。当前，中国已进入互联网技术大规模推广应用的网络时代，互联网对国民经济和社会发展产生了越来越重要的影响。基于互联网与传统产业深度融合的"互联网+"逐渐成为创业活动的重要形式和特征。

---

① 辜胜阻、李睿.以互联网创业引领新型城镇化.中国软科学 2016（1），6-16.

1. 何以筑梦? 众创空间

自从李克强总理点名支持发展众创空间以来,"众创空间"就成了 2015 年创新创业的关键词。作为创客的筑梦平台,众创空间又有哪些优势扶助创业者圆梦? "众创空间"这一概念,最早出现在国外,被称为"创客空间"①。它作为全新的组织形式和服务平台,通过向创客提供开发的物理空间和原型加工设备,以及组织相关的聚会和工作坊,从而促进知识分享、跨界协作以及创意的实现以至产品化。经过多年的发展,国外已经把创客空间推向了一个成熟的历史阶段,并对科技创新产生了深远的影响。全球知名的创客空间有:c-base e.V.、Metalab、TechShop、Fab Lab 等。

众创空间特点:国外的创客空间背景不同,风格各异,但是总体而言,具有以下特点:一是积极的政策扶持、更多的院校参与。二是以美国为例,奥巴马政府大力推动《就业法案》,为个人创意和发明提供资金支持。而学习的参与促进了大批人才投身创客空间,如美国麻省理工学院发起的 fab lab 吸引了大批年轻学生。三是"自由"、"开源"、"共享"的理念与机制,使得有着不同经验和技能的爱好者之间,可以更好地交流、碰撞、合作,创造出想要的东西。四是广泛的项目覆盖范围、多样的组织形式。国外的创客们善于挖掘新技术,擅长"跨界"创新。在组织形式上,国外的创客空间可

---

① 张娜.众创空间——互联网+时代本土化的创客空间.科协论坛 2015 (10),22–25.

以是非营利组织，也可以是纯商业化机构。

为了推进大众创新创业，2015年1月，国务院研究确定支持发展众创空间的政策措施，这是中央文件第一次提到"众创空间"。2015年3月，国务院办公厅印发"众创空间"纲领性文件——《关于发展众创空间推进大众创新创业的指导意见》，从国家层面部署众创空间建设。随着"大众创业，万众创新"的热潮逐渐兴起，众创空间已成为国家层面推进"大众创业、万众创新"的重大战略举措和推动中国经济发展的新引擎。据调查，2015年上半年，国内较有规模的众创空间还不足20家，但到2015年底已超过1.6万家。众创空间的发展速度甚至在赶超创业者发展的速度。

2. 众创空间存在的问题

众创空间大跃进式的扩张不免产生了一些问题。一是短期内蜂拥而至可能引发载体过剩。一方面，为响应号召，各地积极制定规划鼓励众创空间建设，一定时期内集中申报形成市场井喷，最终可能因无法"招商引智"沦为普通办公场所；另一方面，越来越多的产业园区和传统孵化器涉足众创空间，个别传统孵化器为博人眼球，促进招商，改头换面，造成传统孵化器与众创空间之间关系紊乱。二是缺乏持续稳定的盈利模式。很多咖啡沙龙等众创空间，只能靠餐饮、会员费等收入勉强维持经营，孵化型众创空间因缺乏好的投资项目，面临亏损的困境。三是服务内容形式化。目前，众创空间数量多，但相应的创新创业服务组织规模小，功能不完善，服务能力不足，尤其缺乏龙头骨干创业服务机构。尽管不少众创空间都会提到创业导师培训、融资对接、事务代办等服务，但是到执行层面，创业者会发现所谓的"大咖导师"不见踪影，融资对接也成了形式。

表面上百花齐放，实际上目前众创空间的盈利模式不外乎以下四种：第一种是企业平台型，例如腾讯、百度、微软等互联网公司旗下的孵化器，这类孵化器往往具有雄厚的资金实力和市场资源；第二种是"天使＋孵化"型，这类型孵化器更类似于YC的模式，由民间资本或教育类机构主导，项目入驻后会对部分企业进行天使投资，通过后续退出来盈利；第三种是开放空间，即提供较低租金办公场所为主，定期组织沙龙或讲座，不会直接投资；第四种是垂直产业型，通常来说这类孵化器更具专业性，针对某一产品进行定向孵化，主要由政府或产业协会主导。

据相关调查显示，独立的众创空间本身很难生存，背后都有大型公司或政府来支持。与此同时，服务能力突出，众创空间才能够更好地生存。随着泡沫的破灭，在急功近利状态下成长起来的众创空间需要回归理性。

3. "协同工场"的"四个一"模式

国内首家秉持"互联网＋高校科研＋孵化器"理念的股权众筹平台：协同工场正式启动，其产学研与股权众筹的完美结合，完整的金融生态圈，引发了业内人士的关注。

2016年以来，股权众筹成为互联网金融圈最新的热点，伴随着阿里、平安、京东等巨头的相继杀入，股权众筹的发展越发风生水起。协同工场是由北京协同创新研究院和广州汇垠天粤共同发起创立的股权众筹平台，成立于2015年3月，致力通过搭建联合创业者、投资人和高校资源的创业产业平台，实现协助新技术产品化、引导创业团队科技化、促进投资专业化的目标，打造并完善"产、学、研、金"完美结合的创新创业生态网络。

其股东之一北京协同创新研究院是在北京市政府的支持下，由北大、清华、中科大、中科院等单位联合创建的创业孵化中心。研究院采取独特的"研究院—基金二元耦合"运营机制，一方面依托大学的基础研究优势，通过一体化策略发展原始创新先进技术，建立创新制高点；另一方面围绕行业整体技术进步，系统开展该领域共性技术、关键性技术和前瞻性技术的研发和成果转化。同时，充分开发以知识产权与地方产业发展的合作。研究院成立以来，得到各界的积极响应，北大、清华等12所高校及中科院等单位，商飞、潍柴、美亚柏科等70多家行业龙头及高科技领军企业参与共建，并在硅谷设立了分院，吸引了100多名世界级科学家加入，2015年转化及产业化项目超过50项。为支持研究院发展，北京市设立专项科研资金资助技术研发，设立了10亿元的专项创新基金支持工程技术研发及成果转化，并将发起设立25亿元以上的产业发展基金支持项目产业化。

鉴于协同研究院未来将拥有大批知识产权，特别是其公益的性质及严格的项目评估机制，将形成加强的创新公信力，由此联合广州汇垠天粤共同成立的协同工场在股权众筹方面具有天然的优势，其CEO林涛指出，协同工场的核心在于搭建一个高校科研资源转换的专业股权众筹平台，将充分结合北京乃至全国各地的优秀高校科研资源，搭建创业团队、投资者与高校科研资源之间的桥梁。

协同工场下设天使联盟和创业孵化器，能够向创业者提供较为完善的创业孵化服务。天使联盟将联合千名投资人和创业导师，为创业者提供资金、财务、法律、科研等全方面的支持和指导。协同工场创业孵化器，是基于大量的调研、数据验证基础，以互联网思维打造的新型创业孵化生态圈。此孵化器由线上孵化平台和线下实体孵化器组成，创业孵化平台一方面将为创业者、创业团队和有创业理想的杰出人才寻找创业项目，进行全程的创业指导、专业的创业公司服务；另一方面将为创业服务企业找到最好的长期合作伙伴、为投资人找到最好的投资项目。

协同工场独创"四个一"模式，即"一个孵化器，一家合作机构，一支专业团队和一支合作基金"，目前已在武汉等地开展全面业务合作。其将借助地方政府的引导和推动作用，联合高校研究院和产业园区等合作机构，共同创建区域孵化器，吸引当地基金合作，通过协同工场股权众筹平台专业团队的市场化运作和专业化管理，实现政府、投资者与创业创新企业的多赢格局。

未来，协同工场将致力于打造全国最大的以结合高校资源为主的专业股权众筹平台，协助创业者实现创业梦想，协助科研成果找到产业化途径，实现创新与创业、线上与线下、孵化与投资的结合，推动中国小微企业成长壮大。

4. 众筹孵化器

众筹平台的热度使用数据显示，自2014年7月1日京东众筹上线以来，目前已成为中国最大的众筹平台，总筹资金额超过5 000万元。目前，包含"三个爸爸"在内，京东众筹平台上百个众筹项目中，已有8个项目突破百万元，一个突破千万元，项目成功率接近90%。

众筹平台的初衷是为创造者搭建一个帮助项目成长的孵化平台。结合京东在供应链、物流、资源等方面的整合能力，能为创业者提供从资金、生产、销售到营销、法律、审计等各种资源，扶持项目快速成长。众筹本身开创了一种全新的融资模式，而产品众筹则通过产品预售的形式，实现了从融资到产品再到销售的产业闭环，为创业者提供了良好的创业环境。作为一家大型电商，京东本身具有的用户及流量优势，对产品的融资和预售规模起到基础性的催化作用，显然比普通众筹网站更易聚拢人气。

众筹模式在美国兴起时，有一个响亮的口号："贩卖梦想的生意模式。"在国内，虽然热度不减，但失败案例却越来越多，各种噱头充斥行业，并被贴上团购、预售的标签。其实，众筹的本质应当是创业服务，创业项目筹到资只是第一步，如何帮助融到资的创业项目成长，提高创业的成功率，提高投资人收益机会和比率，才是众筹的根本。为创业者提供一条龙服务，在浮躁的背景下，让整个行业更加清晰众筹的本质是社交、是参与感、是用户体验，这或许是众筹平台成功的基因和密码，也是中国式众筹的出路。

第四章　灵　魂

第一节
创新领导力

      21世纪的领导者必须成为能够适应不明确环境的系统性思考者。这要求在VUCA时代（VUCA是volatility易变性，uncertainty不确定性，complexity复杂性，ambiguity模糊性的缩写），领导者们从逐项孤立的行为胜任力变成复杂的"思考"、"整合"能力，这体现四方面的适应性能力，诸如敏捷的学习能力、自我意识、对不明确性的适应和系统战略性思维。

——GE公司董事长杰弗里·伊梅尔特

1. 创新领导力：企业可持续发展的引擎

移动互联和数据化时代，各行业都迎来技术和服务升级的高潮，创新不一定会成功，但不创新一定会死亡，企业只有不断抱着创新才是颠扑不破的制胜法宝，领导者更需要拥抱创新和打造创新领导力去拼得企业成功。

许多企业领导者广泛认同的一个错误假设是：在所有其他方面堪称"好"的领导者，也会是创新方面的有效领导者。事实是，正如GE公司董事长杰弗里·伊梅尔特所言，在越来越残酷竞争的VUCA时代，领导企业创新需要一种不同维度的领导力，这种领导力在释放员工个人天才和打造团队集体天才的六对矛盾中取得动态平衡，在公司创建一个既有意愿又有能力去持续创新的社群集体。

当企业希望在VUCA商海中打造一艘健康可持续发展的战舰时，创新领导力就是那个提供能源动力的引擎！通常我们谈到领导力，高情商、高瞻远瞩、个人魅力、业务经验等会被视作领导者的重要能力。而对于创新领导力，除了具备这些基本条件外，还往往需要更突出领导者的几个特质：具有开放的头脑和企业家精神，强调协同环境，富于洞察力等[1]。

那么什么才是创新领导力呢？创新领导者除了拥有以上的特质，他们能够激发与释放员工个人的创新基因，打造一支既有意愿又有能力去持续创新的团队，并不断实现公司愿景与经营目标。

创新领导力对于个人领导者和整个组织机构，都无比重要。成功的创新公司，创新领导力贯穿整个企业组织。在那里，创新领导力的辐射，不是来自个人，而是来自一个领导层，或者来自企业组织的各个角落。

---

① 胡清江.论领导者创新领导力的提升.河北学刊2008，28（2），26.

2. 如何培养创新领导力

我们汇集百家精华，将创新领导力的培养分成三部曲：

（1）发现你的创新领导力基因。创新是21世纪最重要的领导力特质，唯有与领导者的基因联结方能激发真正的创新领导力。创新领导者有什么独特的创新基因吗？他们与普通人到底有什么不同？好消息是，莫顿列兹尼科夫等人的研究表明，人的创造行为只有25%—40%是由遗传因素决定的，这意味着其余2/3创新技能是可以后天习得的。

（2）看到以上你有什么新的感受？对了，即使你今天还不是创新领导者，只要你心动了，我们可以帮助挖掘出你的创新基因。哈佛大学教授克里斯坦森通过对大量成功创新领导者案例的分析，总结出了创新领导者的五项创新基因。它们分别是：联想、发问、观察、建立人脉和实验。而确切地说，五种创新领导力基因即是五种能力，即：联系的能力、发问的能力、观察的能力、交际的能力和行动的能力[1]。

（3）以上五项基因的背后驱动力是什么呢？是渴望改变现状的勇气，就像乔布斯想要"在宇宙间留一点声音""活着，就是为了改变世界"的那份勇气。谷歌创始人拉里佩奇说他自己是来"改变世界"的！

---

[1] 克莱顿·克里斯坦森.创新者系列.北京：中信出版社.2013.

创新领导者想要不断提升和绽放出这些能力，勇气是前提。这里的"勇气"是指什么？是想实现改变自己、改变企业、改变社会，甚至改变世界的梦想，而敢于挑战现状和甘于冒险的一种精神。你希望给世界带来些什么或留下些什么？什么让你"与众不同"？要想得到橡树，就要有勇气埋下橡树的种子。

创办了 Paypal、特斯拉和太空探索技术公司（SpaceX）的"钢铁侠"埃隆·马斯克（Elon Musk）的终极梦想是将人类从他所预见到的不可避免的末日中拯救出来，所以他创办了特斯拉，为了减少汽车的碳排放，成立 SpaceX 建造火箭，为我们描绘了征服火星的未来，赞助人工智能研究项目以造福人类，制造的锂电电池未来有一天可能会替代内燃发动机。有了创新的勇气，创新领导者就会带着激情，积极地不知疲倦地寻找改变世界的机会和创新点子。

联想思维是创新者 DNA 的核心所在，通过联想可以将不同领域的知识点联系起来，举一反三，成为创意的引爆点。乔布斯的苹果手机用到太多跨领域的技术和理念，将皮克斯公司（Pixar）动画模拟技术运用与电影制作获得巨大成功。乔布斯说："创造力只不过是连接某些东西的能力。如果你问一个有创造力的人，他们如何'创造'东西，他们会觉得有点儿委屈，因为他们真的不是在'创造'东西，他们只是看到了某些东西。他们能够把曾经见过的不同体验连接在一起，然后综合成某些新东西。"

弗朗斯·约翰松曾在《美第奇效应》一书就讲到这种创新的来源方法，美第奇家族将雕塑家、科学家、诗人、哲学家、金融家、画家、建筑学家齐聚一堂，突破不同领域的界限，新创意在不同的交叉点出现，最终创造了中世纪伟大的文艺复兴。

联想是认知技能，发问、观察、交际和实验是行为技能。每一项技能的提升需要领导者身体力行，技能提升必须付诸行动。创新能力包括两个范畴：发现技能和实现技能。发现技能是一种探索未来的能力，实现技能是变现的能力或执行力。

在VUCA时代，企业领导者的探索或发现技能远比执行力更重要。很多公司在选拔组建高层管理团队时，是根据实现技能而非发现技能选拔人才，这类领导者在创新思维上技能不同程度地受到制约，较难实现"非同凡想"的创新与突破。发现技能和实现技能在您的企业孰轻孰重，取决于您带领的团队在创新周期的哪个阶段。

3. 创新领导力的八大武功秘笈

全世界可能没有任何一个国家比中国更加热衷于创新了，国家把建立"创新型国家"定为国家的战略目标；越来越多的企业把创新作为转型升级的重要途径；大众创新创业的热情空前高涨，彼得·蒂尔《从0到1》一书在中国的销量竟然超过全球其余国家的总和，各类创新人才炙手可热，而创新思维、创新及设计思维流程工具也让企业趋之若鹜。

但是中国要成为创新型国家，企业要成为创新型企业，不缺创新的意志、创新的热情，也不缺创新的市场、甚至不缺创新的资金，那么什么是中国最缺的？是真正具有创造力的人才和创新领导者。

挖掘了自身的创新领导力基因，还需要什么把自己修炼成创新领导者呢？所有创新型企业或领导者，从耐克到苹果，从任正非到埃隆·马斯克（Tesla公司CEO），从华尔特·迪士尼（迪士尼公司前董事长）到杰夫·贝佐斯（亚马逊公司CEO），从我们看到的是一个不变的主题，即具有创新特质的领导者总是体现出突破性思维模式。提炼总结出来，是创新领导力的八大武器：

一是卓越的战略眼光。高效的创新领导者们能够生动地描述他们的未来愿景。就像一位受访者所说的："我的老板很擅长给出关于最终目标的清晰描述，而我们则能够努力找到如何实现它的方法。"

二是以客户为中心的好奇心。对于客户认为是有趣的东西，对于创新领导者来说却足以着迷。他们好奇顾客的一切变化，力图了解顾客的内心感受与逻辑。他们始终与客户保持紧密联络，持之以恒地聆听客户需求，挖掘客户潜能和价值。宝洁公司的CEO雷富礼还未成为CEO前一直保持一个好习惯，每次到世界各地都会先去商店超市看一看，然后去一些当地员工和客户家里走一走，最后去办公室开会。他后来在2000年上任时提出："顾客的声音最值得倾听（Customer response is boss）。"宝洁对消费者的重视程度已上升到了战略高度，也是确保他们保持创新的独门武器。对客户保持好奇还可以使创新领导者永葆斗志，保证公司长盛不衰。

三是创造相互信任的氛围。创新总会有一定程度的风险，并非所有的创新想法都能够成功。这些高度创新型领导者们与为他们工作的创新者们建立起了温暖的合作关系。他们平易近人，易于沟通。同事们知道，当什么事出了错，他们的领导不会和他们划清界限，而会努力补救。绝不会有人因为无心之过而被处罚。

四是拥抱失败。"每次正中靶心都是一百次打偏的结果。"创新领导者会把每一次失败都当作一次很好的学习和成长机会，引导团队复盘和发现新的洞见，而往往正是这些洞见使其终成正果。

五是自我淘汰。就像乔布斯永远不满足现有的手机或电脑版本，不断淘汰与不断追求更好的效果。最佳的创新领导者知道，那些持续的、影响深远的创新，从产品和服务到生产和技术，都是为了企业生存所必需的行为。IBM已经从创业时的电脑生产商发展到了现在的科技服务和智能化服务公司。沃伦·巴菲特自己的伯克希尔哈撒韦公司，也是一个不断淘汰自我的企业，从原先的纺织企业已经转型到投资企业，且涉足不同行业的诸多五百强公司。

六是快速行动。创新领导者会用快速行动让每一个可能的创意跑起来，可以说创新领导者与普通领导者的巨大差距，可能就是当时一个微小的执行力所引发的蝴蝶效应。

Facebook的扎克伯格的格言就是"决定人生高度的从来不是做事的完美程度，而是做事的速度"。他在哈佛大学时第一次推出他的产品，只花了6个小时，完成了产品设计、开发、上线的所有工作。他从有创业念头一路到现在，永远都是出现想法，下一秒就去行动的CEO，对于他，就是下一秒，下下一秒都是晚的！

如何把创意落地，新点子变成新产品快速推向市场，就好比火箭发射，火箭在发射的前三个阶段耗费了超过97%的燃料。很多创意也是一样，前端做得扎实，后端的发射才会成功，如果前端做得简单，挖掘不够，后端可能就发射不上去，或者发射质量不高。中国企业创新的关键点是提高创造力，而如何形成系统的创造力并不断提升，很重要的一点就是要培养创新领导力。创新领导者们会无畏地坚持做对企业和顾客来说正确的事，而且他们相信当做事的速度足够快，执行力就会足够强，速度能够淘汰掉行业或团队里那些难以摆脱的人。

七是保持坦诚。建立开放健康的企业文化氛围是保持团队高效协作的基础，是企业创造力的土壤。创新领导者，需要保持诚实和坦诚，有时可以是直截了当的反馈。让下属们感觉，他们总是能够从他们的领导者那里得到最直接的答复。阿里巴巴与华为这些年在创新上一路领先，与马云与任正非的领导风格坦诚直率不无关系，他们的员工感受到安全、信任与创意激情，并能够不断保持创新与突破。

八是将鼓舞与激励付诸行动。中国人的传统思想认为，只有做管理者的才要讲领导力，是领导科学。而我们说的创新领导力，则是在任何创新的活动中都要有梦想、有激情，要善于沟通、善于去鼓励别人。如果要打造创新型企业，创新领导力开发是创造力开发或者说创新最重要的关键点。一位创新人才这样说道："要使创新存在，你必须感到你是被鼓励这么做的。"而这一感觉，则来源于工作的明确目的与意义。

我们大多数领导者接受的教育是遵循规矩、"圆融"、不出风头，尽量避免错误，这些观念或许有利于管控一个稳定的企业组织，但它们恰好在我们处于创新的最佳年龄时灌输给了我们。而创新领导者的八大武器则会帮助你放弃对失败的恐惧，忘掉在集体中的安全感，拥抱持续的带有破坏和颠覆的变革思维。

我们需要也完全可以重新编写我们的思维程序，让其成为一个升级的新的大脑设备。通过学习和掌握这八大武器，你会拥有创意和创新之力量和激情，并将创新精神同样融入你的生意、职业、组织以及生活之中。一开始，拥抱创新精神或许会让你感到一些畏惧，但随着你发现创新式哲学，为你带来的是提升好几个层级的成功及内在喜悦，恐惧终将退去。

4. 创新领导者的核心修炼

如何激发创新领导力？提倡"五度修炼"：

一是修炼思维的宽度，即产业转型升级新思维。管理是社会的一个细胞，领导力研究与实践不能脱离当前的社会环境。具备艺术特质的领导学不能摆脱当时的社会环境，今天的世界和过去的世界有很大的不同，但作为领导力来讲，是通过个人的行为举止、判断和专业知识让对方真正受到影响。当前的领军人物一定要具备三种素质，即以价值观为核心的判断力、专业主义精神和个人品格魅力。在全球化新时代，企业家必须有全球化新时代产业转型升级新思维。从一定意义上说，产业转型升级最关键也是最困难的问题是企业家的升级，即素质提升。在微观经济层面上，产业转型升级主要是在众多企业家的带领下实现的。企业家以什么理念办企业，以什么方式获取利润，决定了产业发展的方向。企业家的眼界更决定了中国产业国际竞争力的前景，如果更多的企业家都注重于获取短期利润，一心想"赚快钱"，那么产业就难有真正的核心技术积累。产业核心技术的形成无不是企业家创新"耐心"的产物，没有执着的"耐心"，就难以形成真正具有中国根基的产业。

二是修炼推行的力量，知行合一。需要具备从知道到做到的能力，理解掌握组织的策略、目标，按照组织要求取得既定成果。《孙子兵法》曰："道者，令民与上同意也，故可以与之死，可以与之生，而不畏危。"强调上下同欲、团队目标一致，互惠互利，精诚协作。互联网带来的是价值观的改变，在互联网时代，人类考虑的问题几乎是同样的，公正、公平、阳光、透明，你的行为举止一定要符合这个趋势，符合这个时代的趋势。如何化解集体中多个领导力的矛盾和冲突也是管理者面临的现实困境，要通过文化和制度的发展去化解多个领导力中的冲突。

三是修炼对组织变革的洞察力。洞察力就是"开心眼"，就是学会用心理学的原理和视角来归纳总结人的行为表现。最简单的就是做到察言、观色。洞察力其实更多的是掺杂了分析和判断的能力，可以说洞察力是一种综合能力。商业社会要想谋求发展，必须要有极强的发现新兴事物、发现现有事物发展方向的个人能力，否则只能跟在别人之后，很难有大的发展。洞察力就是以批判的眼光，准确地观察并认知复杂多变的事物之间的相互关系的能力，它主要表现为能够"提出正确的问题"。提出正确的问题是管理者打开成功大门的钥匙，当管理者能对环境的威胁与机会提出正确的建议时，就能够形成正确的竞争战略。可以说，一位战略家的第一资质，就是这种敏感的发现问题的洞察力。从一定的意义上说，机会也是一种资源，是环境提供的一种资源。而具有洞察力的管理者，必然具有善学力（Learning agility），对于不远的未来，我们还是蒙昧的"原始人"，挑战和竞争模式仍无法预测，比起过去，我们更需要"善学力"——这并不是仅指知识和技能，更重要的是，这种能力使我们有信心去面对未来，同时具有对环境的适应能力。大型组织都会或多或少染上不思进取、效率下降的大公司病，借助国企改革东风，激发内部组织活力，将是领导者重要的课题，也是创新领导力的重要方向。

　　四是修炼领导者带领组织的赋能。阿里巴巴集团执行副总裁曾鸣提出："未来企业的成功之道实际上是聚集一群聪明的创意精英，营造和谐氛围和支持环境，充分发挥他们的创造力，快速感知客户深层次的需求，愉快地创造相应的产品和服务。"创意革命时代领导者的着眼点不是当下，应当培养未来视角，去研究未来五年、十年的产业变化、科技变化、模式变化和组织变化，从未来倒推去重塑今天的形态。以赋能为核心的设计思维或许是整个领导者最紧迫也最需要修炼的思维能力。设计思维是当今商业创新领域最热门的话题，它源自美国硅谷的设计行业，如今已经风靡全球，它的核心理念是以人为中心的创意设计，用于创造式地解决各种问题。设计思维最早是由全球最大的设计和商业创新咨询机构IDEO提出的，从根本上创新思维是一种乐观的、积极的、建设性的、面向实操的方法论，既要求满足使用产品服务的那个人的需求，更要求关注其背后的深层次的动机，而我们认为设计思维非常符合当今VUCA时代的组织创新的需求。尽管很难，但做一点就会受益多多。

五是改变修炼自省的深度，即改变"习惯性防卫模式"。许多人在孩童时代就已经养成了一种处理压力的固有方式，并往往习惯于通过人类的自我修复能力来对抗压力；而另一些人在渡过危机时则依赖于自身强大的心理，这种方式在短时间内是有效的，但任何优势在面临极端情形时都有可能变为劣势。因此，领导者必须了解自身固有的危机处理机制，这一点非常重要。变化的时代决不能要求领导者以慎独为思想境界。警示信号可以提醒我们关注自己的行为、态度、价值观和人际关系。这些信号可能很明显，可能是负面的，比如人际关系破裂、事业失败或者健康出现问题；它也可能是生活中发生的一些好事情，比如你刚刚结婚、有了孩子、升了职；或者突然发生一件事情，促使你重新审视自己的生活。"发现警示信号"这个练习可以帮助我们发现问题，察觉自身失衡的领域，提醒我们重新评估自己和周围的环境，再次建立自己的核心价值和个人愿景。快乐的秘密是：接受一切情绪可以使人快乐。根据刚发表在《美国心理学协会》的一项新研究，当人们感觉到自己想要的情绪时，会变得更开心，即使这些情绪并不令人愉快，比如生气或者怨恨。耶路撒冷希伯来大学的心理学教授Maya Tamir说："快乐不仅仅是感觉愉快或者避免痛苦的感觉。快乐与经历的意义和价值有关，包括你认为应该拥有的情绪。在不同的环境中，所有的情绪既可能是积极的也可能是消极的，无论它们是愉快还是不愉快的感觉。"

第二节
跨界领导力

　　创新是领导与随从的分水岭。活着，就是为了改变世界。

——史蒂夫·乔布斯

　　以其终不自为大，故能成其大。（你不以成功自居，最后你反而有可能成功。）

——老子

　　在企业界，跨界的实践一直没有停止过。与以往不同的是，这一轮的跨界来了个"异类"——互联网。当马云和马化腾这些如今的互联网的"大腕儿"还在"小折腾"的时候，很多企业家还没有意识到它的厉害。不出几年，这些"小折腾"俨然已经全面渗透到物流、金融等行业。而此前，新兴的中小企业根本没想过能撼动这些传统行业的"大树"。因此，这一轮的跨界可谓是"颠覆性"的：不再局限于新兴渠道拓展和上下游打通，而是全面的商业模式与思维模式的变革，皆因为互联网改变了消费者：它既为新兴企业提供了"弯道超车"的良机，也对传统企业提出了挑战。

1. 跨界时代的领导力新特质

那么，原本成功的领导者，在面临跨界选择时，为何有人大胆迈步，而有人却踌躇不前？我想这是由领导者自身的特质所决定的。在2008—2009年金融危机期间，韬睿惠悦曾做过这样一个研究：怎样的领导力特质能够帮助企业在外界市场变化迅速、前景又扑朔迷离的时期快速走出困境，抓住机会？调查发现，许多原有的领导力特质此时"失灵"了，擅长于驱动财务结果、优化系统流程、激励授权员工的领导者们开始迷茫了，取而代之的是那些敢于去拥抱和接纳变化的领导者。

新增的能力要求
Vaulting 跨越
• 新业务环境下的战略定位
• 建立联系，识别复杂的变化趋势并且在过程中做到灵活应对
• 适时转移策略重点，放弃不成熟的想法
Perfect Enough 适度完美
• 识别何时何种情境不需要完美主义，否则会带来不必要的工作而导致回报的降低
Technology Savvy 技术悟性
• 有效利用最新的技术来获取信息并应用信息

图4.2.1

资料来源：*Towers Watson (formerly Watson Wyatt) 2009*

其中有个非常重要的能力叫"Vaulting"，我们通常把它翻译成"迅速突破"。原意是指跳马运动员撑马一跃的动作。熟悉跳马运动的人都知道，这个动作的成败决定于最终起跳的高度和落地的平稳度。回到企业领导者所面临的情形，在面临变革时，谁能迅速采取大胆创新的步骤来解决挑战性的问题，谁才有可能成为赢家。这一轮跨界的背景下，最需要的领导力就是Vaulting的能力。

若要进一步系统提炼跨界领导者的特质，我想将其归结为两方面，即智力资本和心理资本。

智力资本包括：	心理资本包括：
● 深刻了解市场环境并敏锐捕捉商机	● 对差异和变化充满好奇和热情
● 对政经形势有全面了解并作出预判	● 享受由勇于冒险和探索未知带来的乐趣
● 面对复杂问题快速剖析本质并灵活应对	● 在不熟悉甚至挑战的环境中也能应对自如展现自信
● 快速采取创新措施并创造新的战略	
● 适时转移策略重点，放弃不成熟的想法	

图 4.2.2

资料来源：王少晖《追求"一跃而起"的突破力》，载《中欧商业评论》2014年8月刊

2. 重塑组织能力

当领导者个人完成跨界后，又该如何将跨界理念成功传导到其他核心团队成员，继而领导整个企业完美实现跨界呢？我提出两点

建议：

（1）搭建"组织能力"的积木。目前几乎所有响应跨界策略的企业都提出"要提升客户服务"。与以往不同的是，这一轮由互联网引发的竞争和跨界由于信息透明，实时交易，使得"为客户服务"不再是一句口号、一个服务规范、一种服务技能，而是一种组织能力的重塑。

比如，某金融企业为了应对互联网的快速渗透，酝酿着业务和组织转型，这就需要探讨以下问题：促成此次转型成功的最重要的组织能力是什么？哪些是自身已经具备能够快速超越竞争对手的，哪些是成功必需而现在还并不具备的？基于这样的思考，建议企业基于组织能力要求来设计新老营业部的定位，也根据所需能力和现有人员的实际能力灵活设置岗位。有人是具备多种能力的复合型人才，也有人是具备单一能力的老员工，他们都有与自己能力相适配的岗位和要求，当然也有不同奖酬设计和发展路径。这种设计并非传统的基于职能或产品，而是以组织能力为基础，以搭积木的方式进行设计，能赋予组织很大的弹性，在不影响现有业务的情况下，顺利推动组织变革和创新，短期内重塑组织能力。

（2）"容忍"创新。跨界企业会经常触碰到过往从未遇过的问题，或是无法从旧体系中脱困而出。正因为如此，才需要来自不同背景的人才，用他们的能力去形成独到见解，成为让企业穿透既有障碍的利器。这些人才不太会像原来产业中的人那样，用常规方式解决问题。那么，企业能否给"创新人才"更大的宽容度？这其中包括授权、考核等，有些创新事物不可能在短期内看到成果，对创新人才的考核是否可以不要仅关注在业绩指标上，而更多地去看人才所展现出的行为，以及对项目整个管理过程带来的积极影响？"容忍"包含了多层含义，企业能否为创新留出足够空间，决定了它是否具备跨界的组织基因。

3. 不同层级的领导者在创新中的角色和价值

作为一名领导者，你倾向于怎样评判自己的角色价值？微观层面的思考可能是不够确切的；如果把画面放大到整个组织背景中，我们可能会得到非常不同的观点。组织创新并没有"一刀切"的方案，而时间和资源又是如此有限，精准地铆定不同层级的领导力挑战就变得更加有意义。

在组织创新中，不同层级的领导者有着不同的角色价值，如果我们花点时间对此进行分析诊断，事情可能变得更清晰。

（1）领导自我（Leading Self）："创造者"（Creating）——从各种渠道获取创新的灵感来源。在这个层级上，你尚未有直接下属。你的上升方向是成为团队的榜样，或成为项目的领导者。在整个创新组织系统中，你的角色价值体现在两个方面——一方面是，找到创意解决方案（generate creative solutions）；另一方面是，很好地融入一个多元团队。在这两方面中，获取创新的灵感来源是核心——无论你是通过对其他行业、客户和相关利益者的敏锐观察，还是从专业的角度，探索数据资料，从前人的解决办法中找到灵感。

（2）管理他人（Leading Others）："促进者"（Facilitating）——在内部，整合流程；在外部，获取资源。团队领导者或条线主管开始需要拥有额外的技能。他们开始需要具备促进团队（项目）整体进程的领导力，他们需要开启一种新角色能力——"催化者"。在内部，他们负责着小组（项目）的流程整合及协同；同时，他们还要具备从外部（相关利益体）获取资源的能力。

（3）领导管理者（Leading Managers）："倡导者/桥接者"（Advocating/Bridging）——为团队提供支持和庇护；为基层创新打通关节。这一层级的领导者的卓越价值在于，他为他的团队提供可靠、值得信赖的"保护伞"——当组织决策出现动荡、不适、风险和潜在的"暗礁"时，他为自己的团队提供庇护，保护人们所作出的努力不受打击。处在这个层级的领导者还有一个重要角色——"桥接者"。他们用自己的智慧，为自己的基层团队创新搭建寻求外部资源、合作和支持的桥梁。

（4）领导职能（Leading Functions）："导航者/保护者"（Directing/Protecting）——为创新提供清晰方向，建立架构。在这个层级，你领导着组织中的某个完整的职能模块。你的核心领导力价值诉诸两个方面——一方面，提供清晰的方向；另一方面，平衡资源管理中的种种矛盾。你必须懂得如何为战略和结构性变革提供明确的执行方向，以适应未来的创新，并同时建立起"相互依存型"的合作架构（在内部和外部）。也许这还是不够的。你也许需要表现出更高的"战略影响力"，比如，开始着手行为模式的改善，促进沟通，深化文化基因。在这个层面上，你对创新渠道的选择，对资源组合的平衡和"投注"都会是至关重要的，你的决策对整个组织创新的未来方向有着重大的影响。

（5）领导组织（Leading Organizaiton）："主舵者/培育者"（Mandating/Fostering）——培育组织文化、孵化组织行为模式。最后，我们来到组织的顶端。你的核心职能是奠定组织顶层设计，以确保在任何情况下，你都紧握着目标清晰的船舵。重要的是，这一层是整个组织创新文化的"摇篮"。你的很大一部分任务可能是进行"组织行为的建模"，以确立整个组织的行为步调和旋律基调；有时这也意味着，你要支持一些崭新的，甚至是"破坏性的"创新想法——你也许得为了达成某种远景的接纳度和认同感，而作出上百次的沟通和努力。也许，你还有更困难的工作——去聆听，去寻找那些看似粗粝、"未经过滤"的概念（而不仅是那些经由组织一层层往上传递的，看似没有风险、工整平滑的方案）。站在这个位置，你也可能是离"事情的真相"最远的人。[①]

4. 从企业家角度来说，领导力创新形式各异

因为企业家个人风格的差异性，在某种程度上可以认为，一个企业家就代表一种领导力创新形式[②]。

---

① 本文内容来自CCL官方博客，原文标题为《Role in Innovation Depends on Where You Sit》。

② 王能元.领导力创新：企业的引擎.商业文化月刊2012（1），77–78.

创新点一：执着的草根精神。核心逻辑：敢于吃螃蟹的民营企业家，其胆识与魄力值得钦佩，表现出来的独特领导力足以带领一家民营企业走向成功。

案例：吉利董事长李书福。

吉利的成长史就是中国民营汽车业的发展史。李书福带领吉利不断突围，不断突破体制的底线，体现的是一种草根精神。1997年，李书福决定向尚未对民营企业开放的汽车领域冒险。他没有任何汽车业的经验和积累，开始也没有得到政府的任何支持，在别人眼里，他就是一个异类。1999年，为了获得政策许可，李书福向时任国务院副总理曾培炎果断请命："请允许民营企业大胆尝试，允许民营企业家做轿车梦，请给我一次失败的机会吧！"2010年，李书福又吃了一次螃蟹，成功并购沃尔沃，实现了多年梦想。李书福的草根精神体现的是一种东方智慧，是特定环境中被动形成的领导力。我们不希望这种"被执着"更多地存在，但对中国民营企业而言，这是另一种借鉴。

创新点二：技术引领行业未来。核心逻辑：对科技型企业而言，技术引领能力是企业家的核心领导力之一，因为在快速多变的技术革新浪潮中，它关系到一家企业的生死存亡。

案例：百度董事长李彦宏。

崇尚简单的李彦宏在企业管理中曾推崇简单管理理念，如简单的人际关系，但这些西方式管理并没有达到如期目标。不过，他拥有的突出的技术领导能力弥补了这些缺陷。IT技术背景出身的李彦宏明白，在搜索引擎领域，技术既是企业立足之本，也是核心领导力。2000年初，百度创业时，就遭遇了纳斯达克崩盘，于是李彦宏迅速改变商业模式，从后台的技术提供商走向前台，做面向终端网民的搜索网站。2002年，他亲自领导了技术提升的"闪电计划"项目，依靠自主创新能力进行了系列创新，开发搜索新技术。现在，他正带领团队研发"登录页机会"，以构建百度自己的内容。他还计划用下一个10年，将百度打造成为全球互联网创新的大本营。李彦宏的这种领导力源于他对新技术的信仰，源于创业家对数字化未来的远见。

创新点三：借力经营。核心逻辑：企业经营本质上是经营资源形成产出。企业资源可分为内部与外部资源。优秀的企业家往往能够充分借力外部资源，低成本甚至零成本地利用外部资源，提升品牌影响力。

案例：三一重工董事长梁稳根。

日本大地震发生后，东京电力福岛第一核电站反应堆冷却供水系统因为故障无法给反应堆中的核原料输送冷却水，有可能导致核泄漏。为此，日本东京电力公司向中国驻日本大使馆及三一重工发函，希望三一重工能提供一台62米混凝土泵车进行援助。天赐良机！梁稳根了解情况后，立即高调承诺免费提供所需设备，并愿提供全方位支持。随后，三一重工不仅把设备送到了日本，而且为日本的操作手研制特定培训方案，并专门设计了"远程"遥控器等。这件事引起了中国及日本主流媒体的积极关注。在这次救援中，三一重工塑造了创新、技术实力、社会责任等企业形象，提升了三一重工的美誉度，也提升了"中国制造"的形象。

创新点四：文化彰显统领能力。核心逻辑：企业文化是企业的软实力，在实现企业管控的过程中，文化也是战斗力。

案例：特变电工董事长张新。

在张新眼中，比效益更重要的是企业文化建设，只要人心不散，精神不倒，任何困难都能战胜，但优秀的企业文化绝非自发形成，而是需要培养和建设。除了建立统一的CI系统外，张新更重视企业核心价值观的统一。"特别有远见，特别擅学习，特别能战斗，特别可信赖"——"四特"文化是特变电工的企业精神[①]。入职培训、在岗培训等都在不断向员工传递这种精神。在强大的企业文化统领下，公司从资不抵债的街道小企业，发展成为中国变压器行业首家上市公司。文化统领有助于行动一致，提升战斗力，但需要企业家的长期坚持与引导。

---

① 吴玮.特变电工由"装备中国"到"装备世界".企业管理实践与思考2012(2)，33-34.

第五章　助　力

漫谈众筹下的创业模式

纵观世界大势，众筹行业正处在"趋势已现，大势将至"的位置上。众筹模式将掀起新一轮青年创业创新浪潮。在互联网金融时代，"天时、地利、人和"各方资源在众筹平台上得以有效整合。众筹可谓是青年与创业的最佳结合[①]。

——蒋英燕《众筹模式与青年创业的契合度初探》

1. 众筹：金钱之外的价值

众筹——一种公开向不特定的群众募资的新型商业模式，在"大众创业，万众创新"的时代精神感召下诞生了。这种新型模式带来的不仅仅是金钱，更多的是由此引发的政策创新、思想创新、科技创新。

[①] 蒋英燕.众筹模式与青年创业的契合度初探.浙江金融2015（7），8-12.

（1）众筹为政府的政策创新提供了条件

在"大众创业，万众创新"号召下，政府出台多项政策鼓励创业，如对创业从营业执照到知识产权以及上市都有相关政策引导，并鼓励银行针对中小企业进行创新，支持发展众筹融资平台等，营造出了良好的政策环境。

（2）众筹是大众参与思想创新的基础

众筹与筹资相比，筹集的更多的是智慧和思想上的认同[①]。参与众筹者，很多都是工薪阶层或者草根，他们资金有限，但智慧无穷。创业创新者依靠众筹模式可以不需要赌上身家性命去创业，使他们在风险相对较低、压力相对较小的比较宽松的环境下敢于创新；也引来一批又一批的社会创业家在"双创"的大浪潮中，在理想的驱动下，带着企业责任、行业责任和社会责任去努力创业创新。

（3）众筹的群策性是技术创新的关键

人人都可以在开放式创新模式中成为研发者。产品技术研发是为满足用户的体验，新的功能和操作方式均围绕消费者的喜好进行改进、创新。创新过程中最难的是了解消费者喜欢什么，而众筹则打破了这一局限，直接从产品研发过程中开始，吸收听取消费者的各种意见，接纳消费者提供的技术方案，使得创新的成本大大降低，创新的速度很快提升。

在这个"大众创业，万众创新"的时代，主体多元化、服务要

---

① 尹江宁.文化创意产业的众筹融资问题研究.云南财经大学博士论文.2016.

素化、运营模式市场化的创新扶持格局正在形成。创业创新蔚然成风，用好众筹模式所带来的政策创新、思想创新、技术创新这几种价值，便是众筹的魅力所在。

2. 众筹有效实现创新创业

(1) 商业价值逻辑的变化

旧合伙人是单一封闭的价值逻辑：聚到一起就是为了某个商业目标，就像射击一样，大家都拿出了全部身家，只买得起一颗子弹，所以必须瞄准再瞄准，才敢扣动扳机。

中国式众筹打造的"新中国合伙人"模式，让资源更加丰富，大部分都是所有权与经营权剥离，股东完全没必要都指望着这个项目，顺手出力就能实现资源对接，解决项目发展中的难题，而且策划阶段基本没有书面的方案，定下几个基本原则，靠股东的群策群力去实现项目的成形和后期的落地。也拿射击举例，这种形式相当于先开枪，再瞄准，在如今这种瞬息万变的市场里，赢的概率更大。

(2) 中国式众筹如何有效实现创新、创业

创业也好，创新也罢，最主要的是如何优化配置社会资源，尤其是闲置资源。在我们的身边往往能听到、看到这样的情况，有钱、有资源的人找不到好项目，有能力、有时间的人找不到好平台。

中国式众筹用其独特的以"筹人"为核心的商业模式，以"平等、共享、开放、去中心、自组织"的逻辑，将企业（或项目）未来发展需要的资源提前锁定为股东，用既定的规则设计，使众筹合

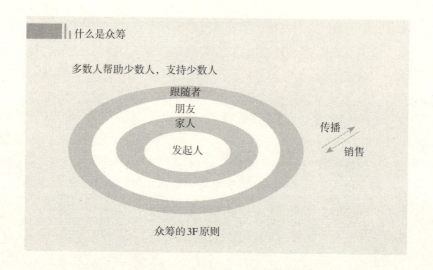

┃什么是众筹

多数人帮助少数人，支持少数人

跟随者
朋友
家人
发起人

传播
销售

众筹的3F原则

伙人不但出钱，更要出力（出才能、出智慧、出人脉、出资源），将高成本的外部交易变为低成本的甚至零成本的内部合作，通过资源的匹配、激活和置换实现合作共赢①。

中国式众筹的本质是筹人，它最让人兴奋的地方就是打破了"一群中国人是一条虫"的魔咒，让老板、经理人、专业人才、有梦想的人能够找到用武之地，把优势攒到极致，真正激活中国人的圈子文化。

中国式众筹不是万能的，如果你自己没有一项核心的优势或者价值，而是借助众筹来帮助你实现项目的落地是不可能的，简单地说就是你没有提供给大家需要的资源，慢慢地就会被大家淘汰出局。

---

① 刘佳.众筹商业模式的法律问题研究.云南财经大学博士论文.2016.

中国式众筹是一种很好的创业模式，但是它适合于中年人和中产阶级，以后形成的也大多是"小而美"的商业企业。

　　3. 众筹深刻改变创业模式

　　在国内众筹的概念快速普及的情况下，多数普通人仍将其视为一种特殊的营销途径，或是那些被风投拒绝的创业者获取资金的无奈之举。然而，众筹绝非是剑走偏锋的奇招，它正快速成为主流，并开始深刻改变国内的创业形态。

　　一款新产品在发布前，必须经历"市场调研—设计—试用—反馈—修改—量产"的过程。众筹，推动形成了C2B（消费者到厂商）商业模式。而如果新产品能参与众筹可导致大量潜在消费者在产品设计阶段就提前介入，贡献创意和想法，此外，产品还只是样机或模型时，就开始让大量消费者试用，可使得智能硬件的创新风险能得到有效控制。众筹，如股权众筹，可使得厂商通过一根利益链条与消费者联接，从而获取大量"深度粉"。

　　除了优化研发销售环节，众筹还在改变创业者与资本的关系。如果现在要定义创业企业，除了用"种子期""天使轮""A轮""B轮"等传统方式描述，有必须加上一个新概念——"众筹轮"。

　　近来，不少早期创业团队主动避开传统融资渠道，直接通过股权众筹方式融资。这些创业者之所以选择众筹，主要希望能获得更多早期股东，从而得到他们背后的资源和人脉支持。钱固然重要，但其重要性远不及资源和人脉支持。众筹者给予创业者的支持力度，很有可能超过传统投资机构。

目前风险投资人正在遭遇众筹模式的冲击。这种竞争是良性的。不同模式、不同风险的创业，理应有多层次的融资服务支持。因受金融体制影响，国内传统金融机构对创业者的支持相对较弱。因此，包括股权众筹等在内，中国互联网金融的市场机会更多，"产业天花板"将远高于美国。为保持良性发展状态，更多第三方机构应推出更精准的互联网金融服务以支撑众筹，比如，利用大数据模型为创业者的信用打分，随后通过互联网的方式提供给投资人。

4. 众筹的商业模式

众筹作为一种商业模式，与企业价值创造的核心逻辑相符，即价值发现（筹资人和出资人的投融资需求）、价值匹配（与商业伙伴的合作）、价值获取（与筹资人分成获利）。因此，在构建众筹商业模式时，需要有项目发起人（筹资人）、公众（出资人）和中介机构（众筹平台）这三个有机组成部分，并且通过众筹这种商业模式，筹资人、出资人和众筹平台各自获得了增值。下面我们来了解众筹平台的分类。

众筹平台有多种分类，最为流行分为四类：回报类众筹、债权类众筹、股权类众筹和捐赠众筹[1]。

回报类众筹，投资者在前期对项目或公司进行投资，获得产品

---

[1] 荣浩.国内股权众筹发展现状研究.互联网金融与法律.2014.

或服务。目前国内知名的回报类众筹平台有众筹网、追梦网。点名时间曾经是国内较大的回报类的众筹平台，不过目前已经转向为智能硬件首发平台。

回报众筹是在产品和服务尚处于研发设计或者生产阶段时，就进行预售，目的是为了募集启动和运营资金，同时，也会在这个过程中收集一些早期用户的需求，对产品进行测试。回报众筹面临着产品和服务不能如期交货的风险。股权类众筹，投资者对项目或公司进行投资，获得其一定比例的股权。目前国内知名的股权众筹平台有天使汇、大家投、原始会等。

债权类众筹，投资者对项目或公司进行投资，获得其一定比例的债权，未来可以获取利息收益并收回本金。P2P借贷平台就是债权众筹的典型形式。国内知名的借贷平台有拍拍贷、人人贷、积木盒子、好贷网等。

捐赠类众筹，投资者对项目或公司进行无偿捐赠。捐赠众筹实际就是做公益，通过众筹平台筹集善款，包括红十字会等非政府组织的在线捐款平台算是捐赠众筹的雏形。知名的捐赠众筹平台有微公益等。

无论是哪一种众筹平台，在众筹这种商业模式中，筹资人、出资人和众筹平台都各自实现了增值。

（1）众筹平台的盈利模式。众筹平台直接的盈利模式是收取项目的佣金。国外众筹平台Kickstarter会在每笔成功的众筹融资中抽取5%的佣金，另一个著名的众筹网站IndieGoGo收费比例是4%。

国内的众筹网站为了吸引好的项目，为了把市场做大，会采取免佣金模式，比如点名时间、追梦网都宣布免收佣金。免收佣金可以看成是众筹网站早期拓展市场的手段。

收取了项目的佣金，众筹平台需要对项目提供增值服务，并确保投资人资金的安全性。众筹平台一方面要招揽更多的项目，另一方面需要对上线的众筹项目进行审核。众筹平台的主要功能包括项目审核、平台搭建、营销推广、产品包装和销售渠道的搭建等。在推出项目前，众筹平台要确保项目内容的完整性、可执行和有价值，确保没有违反项目的准则。一般众筹平台对每个募集项目都会设定一个筹款目标，如果没达到目标则众筹失败，钱款将打回投资人账户，有的平台也支持超额募集，在项目筹资成功后要监督项目的顺利展开。众筹平台要不断提升在整个价值链中的价值，成为核心角色，才能不沦为单纯的平台。

（2）筹资人的商业增值。在目前金融管制的大背景下，民间融资渠道不畅、融资成本较高等问题阻碍了微创业的发展，很多微小创业者融资需求迫切，想绕开中间商的盘剥，更多与大众投资人接触。众筹是一种更大众化的融资方式，它为微创业者提供了获得成本更低的、更快捷的资金获取渠道。众筹方式则有着渠道扁平和"低门槛"的特点。

筹资人通过众筹平台把大众的微小资金汇集，以获得从事某项创业活动的资金，突破了传统融资模式的束缚，这种依托众筹平台的微创业活动在实现了"众人集资、集思广益、风险共担"的众筹理念的同时，也积累了经验和人脉。项目发起人通过与项目参与人的互动也拉近了与用户之间的距离，不仅降低了产品的市场风险，而且也起到了营销的作用。

（3）投资人的商业价值。民间资本活跃，迫切需要出口。很多"草根"公众投资人希望有更多的机会参与创业过程，成为创业大潮中的参与者甚至主导者，而不再只是旁观者。众筹方式让每个人都有机会成为"天使投资人"。投资者通过不同的众筹平台和不同的众筹项目，获取了自己在产品、股权或者公益等方面的回报，同时也通过与项目发起人及其他项目参与人的互动，积累了人脉。

第二节
创业认知下的众筹

　　创业者起步和创业活动过程需要众多资金支持，而绝
大多数互联网创业公司都属于中小微企业，其融资问题是
世界性难题，众筹融资使得一些创业项目迅速获得资金支
持，同时也为互联网创业项目众筹研究提供了新的理论
视野①。

　　　　　　——周建波《创业项目选择互联网众筹影响因素研究》

　　互联网创业项目众筹是近几年刚起步的一种商业融资模式，需
要众筹的创业项目首先需考虑众筹投资者的决策影响因素。创业活
动是管理活动的重要体现，尤其在互联网时代，以85后、90后为主
体的创业者群体，为中国经济注入了新鲜血液，值得管理学者对其
进行深入研究。

---

　　① 周建波.创业项目选择互联网众筹影响因素研究.科技进步与对策2016，33
(17)，31-36.

1. 众筹：创业者成功的门户

表面上看，只要有精美的产品包装海报和听上去不错的创意，就可以借助一些众筹平台开展产品或股权众筹，创业似乎变得更简单了。但是，如果创业者真的觉得仅靠一个想法或创意，就能通过众筹方式起家或致富，那显然是不现实的。

不可否认，众筹平台以及众筹模式的兴起，确实在一定程度上降低了创业的门槛，只要有好想法或创意，即使还没投入生产就可以拿出来众筹，通过观察或分析参与众筹人数的多寡，来判断该创意或想法是否有市场价值或发展潜力，既节约成本又预热了品牌，似乎是个多赢的选择。

但是，不容忽视的是，创业者参与众筹，还是要警惕和注意很多风险，尤其值得一提的是，在产品提交众筹的过程中，如果未能提前做好知识产权以及商业秘密保护的话，众筹也可能会成为创业或创新的"绞肉机"——产品众筹尚未结束，一些抄袭他人的山寨产品已经大量充斥市场，待众筹的产品上市时，发现市场可能已饱和[①]。

那么，创业众筹该如何在众筹过程中做好知识产权以及商业秘密保护呢？前车之鉴：众筹未完同类商品已上市。曾经一度火爆的"手机智能按键"（小米叫"米键"，360叫"智键"），已知的创

[①] 李俊慧.需警惕众筹式风险.商界：评论2015（8），31.

意最早可能出现在2013年。有资料显示，早在2013年8月，一个叫"Pressy"的产品就在众筹网站kickstarter发起了一个"手机智能按键"的项目或产品众筹。Pressy的想法非常巧妙，在耳机插孔上装一个按钮，从手机的耳机电路取得驱动电流，再驱动麦克风电路产生简单的按钮电平，最终通过手机上的应用采集麦克风电平，来识别按钮是否被按下，并根据按下的次数和长短做相应的动作（类似于莫尔斯电码）。

由于该众筹项目的想法和介绍都非常精彩吸引人，再加上价格不过十几美元，两位项目发起者在众筹平台迅速募集到了超过预期近20倍约400万元人民币的资金！欣喜若狂的项目发起者原本计划2014年上半年正式发布产品，结果，还未等其产品正式发布，效仿者们的产品已经蜂拥上市，仅国内就有小米推出的"米键"，360推出的"智键"等。事实上，在众筹发起者Pressy的计划中，其众筹的资金中原计划花2 000美元撰写专利申请保护，结果专利尚未提交申请、产品未真正做出来，市场已经完全被其他厂商"包抄"和"抢占"。

首先，众筹时对项目原理及实现方式，描述过于全面。这种全面描述的结果是，使得同行业从业者按照其描述即可设计、制造出相应的产品。以"手机智能按键"为例，其在众筹平台上对产品原理或技术方面的"全面描述"，其细致程度堪比专利申请书中的专利内容描述。换句话说，参与众筹的项目在众筹描述或介绍中，要谨慎把握介绍内容的详略，尤其对于技术原理或是实现方式不要做太过细致的描述，尽量将描述或介绍的内容集中在提交众筹项目的创造性价值以及效果提升、应用场景等优势，否则，很容易"教会徒弟饿死师傅"。

其次，项目众筹应提前做好知识产权保护规划和布局。目前，国内也有很多创业或创意项目在通过各类众筹平台发起产品众筹或股权众筹。其中，产品众筹模式因为兼具品牌推广、商品预售以及"以购定产"等优势和价值，不仅吸引了很多创业团队的参与，也吸引了类似魅族等有一定知名度的厂商参与。对于有一定知名度的厂商而言，由于经营多年，内部已基本建立了一套知识产权保护机制，使得其新产品参与众筹时，营销推广的价值远大于众筹本身。而厂商已有的知识产权保护策略，也能最大限度降低新品众筹可能面临的山寨或抄袭风险。

反倒是对于创业团队而言，参与产品众筹的同时，应该提前做好一些知识产权部署或商业秘密保护。

其一，提前做好商标保护。大多数参与众筹的产品或项目，创业团队都会取个名字。如果没有单独命名，则尽量使用公司名称。如果已单独命名，则需要提前做好商标申请保护，至少做到未提交申请商标保护的名称暂不公开使用，以免被有心之人提前抢注。类似的情形也适用域名等商业标识领域的布局和保护，创业团队参与众筹尽量对公司或产品域名也提前作一些布局。要知道不是每个创业项目都能像"滴滴打车"那么幸运，在公司成立4个月后、产品上线2个月后，才开始着手布局商标还能持续获得融资。

其二，适当做好专利布局。根据当前众筹平台的需要，大多数参与众筹产品都需要设计精美的产品介绍海报。一方面，创业团队应对产品的外观或样式，提前申请外观设计专利保护，另一方面，对于产品的核心技术或是实现方式，也要提前做好发明或实用新型专利申请保护。如果创业团队因资金有限，暂时无暇投入精力做相应的专利申请保护，则在参与众筹时，要考虑采取多种方式或手段确保核心技术或是技术原理不被外泄或抄袭。此外，也要适当做好介绍海报图片、样式及文字等著作权保护。之所以要多重手段着手布局，是因为不同专利类型的审查授权周期不尽相同，比如外观设计至少需要半年，而实用新型和发明专利的审查授权周期更长，最长的可能需要3年以上时间才能确定是否可以授权。

其三，做好商业秘密保护。所谓商业秘密，一般是指不为公众所知悉、能为权利人带来经济利益，具有实用性并经权利人采取保密措施的技术信息和经营信息。通常而言，商业秘密包括两部分：技术信息和经营信息。如管理方法，产销策略，客户名单、货源情报等经营信息；生产配方、工艺流程、技术诀窍、设计图纸等技术信息。创业团队参与项目或产品众筹，如果无精力或财力申请专利保护，就要想办法采取保密措施，对提交众筹产品的核心技术或原理加以保护。

2. 众筹网站的重要作用

我们现在每天在浏览互联网的时候，都会看到又有新的企业在众筹网站上完成了融资目标。在这么多的成功经历刺激之下，很多创业者都开始认为Kickstarter等众筹网站能够帮助他们更加轻松地获得宝贵的资金，好像只要有一个好的创意，你就可以在众筹网站上开始创业之旅一样。但是现实是，众筹这种融资方式并没有你所想的那样简单。在你看到众多创业者在众筹网站上拿到资金的同时，其实还有更多的企业没有成功完成融资目标，只是媒体并不报道这些企业而已。

现在很多刚刚开始创业的人都认为众筹融资这种方式能够让他们轻松获得资金进行创业。然而，其实众筹需要创业者做更多的功课，而且创业者还要拥有一个稳固的支持网络才能成功完成众筹目标。套用一句老话，那就是"天下没有免费的午餐"。无论你是想通过产品预购获得一小笔资金还是想通过转让股权获得一大笔资金，在准备众筹项目的过程中，你都会碰上许多意想不到、突如其来的挑战。以下是一些来自众筹平台的高管分享的经验，希望能够帮助创业者提高他们完成众筹目标的概率。

谨慎选择一个众筹平台。虽然所有的众筹平台的目的都一样——帮助创业者在网上找到大量的捐资者或是投资人，然后从他们那里获得创业者急需的资金——但是并非所有平台都是一样的，每个平台都有各自的特点，你需要谨慎选择。如果你只是需要为数不多的一笔资金，那么你可以选择Kickstarter或是Indiegogo这样的众筹网站。但是如果需要百万美元级别的投资，那么一些股权转让众筹平台将会更适合你。如果你对后者更感兴趣，有一个非常重要的东西需要你牢记在心中，那就是在开始众筹项目之前对尽可能多的众筹平台进行研究和比较，找到最能满足你需要的那一个。

在传统的投资市场，对于创业者来说，最大的挑战其实就是找到愿意为自己投资的风险投资人。而在众筹平台上，这里有着数量庞大的投资人愿意对你进行投资，他们也在主动寻找着他们感兴趣的初创企业。而对于创业者来说，所要做的其实是找到最适合自己的投资人。建议创业者对众筹市场的规模、活跃投资人的类型、特定众筹平台上的投资人的投资喜好等因素进行详尽的研究和调查。在调查之后，你就能够作出相对理性和准确的判断，选择一个最适合自己的众筹平台。选择错误的众筹平台，对于创业者来说可能给他们带来时间、金钱甚至是企业估值方面的损失。

对融资规模和项目持续时间作出合理的规划。很多创业者，尤其是那些刚刚接触到众筹融资这个概念的创业者，他们会认为自己能够在众筹平台上获得他们所需要的所有资金，而且在众筹项目截止日期到来之前，还能获得一些额外的资金。但是创业者们在制定众筹目标和项目持续时间的时候，必须要时刻保持理性，这一点非常重要。

对于创业者来说，在进行众筹融资的时候，一个巨大的挑战就是何时开始众筹融资，以及确定自己想要通过众筹网站获得多少资金。而且，创业者通常不清楚自己应该如何准确制定众筹项目的持续时间。创业者应该首先仔细考虑企业发展到下一个阶段，你究竟需要多少资金。在进行众筹项目之前，这是你第一个需要重点考虑的问题。创业者总是认为众筹网站能够替代传统的融资程序，认为通过众筹网站一定能够拿到所需的资金。但是事实并非如此，在网络上进行融资的同时，创业者还应该同时作好通过传统的融资渠道获得资金的准备。这样做能够提高初创企业的融资成功率。

勾起投资人对你的投资兴趣。你有了一个优秀的创意，你的朋友和家人也都觉得你这个创意很不错。这意味着一定会有人捐助你的项目吗？并非如此。在进行众筹项目之前，你仍然需要做大量的准备工作，这些工作将会帮你让更多人对你的项目产生兴趣，并且保持他们的兴趣。

在开始众筹项目之前，你应该先勾起投资人对你的投资兴趣，这个工作至关重要。这项工作不仅需要在项目进行的时候做，在项目开始之前也要做。这项工作能够让你在时间和人力都有限的情况下，在最短的时间内获得最多的投资。虽然很多人都表示对你的项目很感兴趣，但是这并不表示他们一定会投资你的项目；即使有人告诉你他们会投资你的项目，也很有可能他们会临时改变主意。在没有特殊需求的情况下，人们很难把自己的钱拿出来给别人用，尤其对于非专业投资人来说更是这样。因此你必须培养他们的投资兴趣和意愿。你要亲自接触你的关系网，请他们对你的项目进行投资，并且拜托他们帮你进行传播。

找到领投者。所有人都知道一个事实，无论是投资哪种生意，都会面临风险。因此所有投资人都想要清楚地知道，如果他们为你提供大笔的资金，他们将面临的风险有多大。创业者在进行融资的时候，经常需要面临这样一个挑战，那就是一些天使投资人，甚至是小型的风投企业，会告诉创业者他们对你的企业感兴趣，愿意提供投资，但是创业者必须先要找到一个大一点的投资方作为领投方，之后他们才会参投。我将这个状况称为"领投游戏"，这其实就像个鸡生蛋和蛋生鸡的问题。

很多刚刚进入投资行业的投资人都会这样，他们只想跟在其他著名投资人的身后。这导致很多创业者发现自己已经获得了许多的"承诺投资"，但是账户里没有实际的资金。在进行股权众筹融资的时候，创业者也会遭遇这个问题。

其实在Kickstarter上进行小额融资的时候会面临同样的问题。如果大众投资人发现一个项目没有人或是只有很少人投资，他们也会开始犹豫。你要如何鼓励他们对你进行投资？这个时候就要发挥建立投资兴趣的重要性了。

众筹是未来主要的融资方式，所有创始人都应该对其有所了解。即使你现在没有众筹的打算，你也应该开始对众筹这个行业进行了解。

3. 创业者要懂得游戏规则

创业的最根本目的是通过每个人的努力，提高社会的效率，降低成本，创造更多的资源，让世界更加公平、平等。但对于创业者而言，创业其实是他们直面自己内心的一场精神之旅。很多创业者难免会面对现实中残酷的一面，特别是80后创业者，当他们在为心中的那个梦苦苦坚守时，周围同龄人多数已经通过职场打拼购置房产，并受益于楼市大涨，资产价值也得到了大幅增长。同时在大公司羽翼之下，工作还算顺利，安于现状。

　　创业需要懂得注重大局，控制好自己的个人情绪，不能因个人情绪而让公司失控。在佩服创业者们毫无悔意地认为"买了房子可能人生也就这样了，没有什么可塑造的空间了"的这种豪情时，也不得不为他们因资金短缺而无法运作创业项目的苦不堪言感到心疼。

　　融资成功率也是创业者需要对众筹平台进行考量的重要因素，创业者可以参考平台上展示的过往的项目众筹案例，了解平台总体融资成功率的高低。目前很多众筹平台除了提供融资服务之外，也是一个非常垂直的曝光平台，同时也会提供后续的投后服务等，这些作为众筹平台的增值服务，对创业项目多有裨益，创业者也需考虑在内。

第六章　金　钱

第一节
股权众筹

　　我国的金融改革正值互联网金融兴起的时代，互联网
金融不仅大大提升了我国的金融效率，促进了金融市场的
整体性变革，而且也对我国的资本市场造成了深层次的结
构性影响。其中最具代表性的，就是目前处于互联网金融
创新前沿的股权众筹[①]。
　　——钟维《中国式股权众筹：法律规制与投资者保护》
　　投资者是资本市场的基础，只有以投资者保护为中心，
完善对股权众筹融资模式的法律规制，才能促进股权众筹
市场的健康，使之有序和快速发展。

1. 股权众筹不同于私募股权融资

众筹翻译自英语crowdfunding一词，即大众筹资或群众筹资，

---

　　① 钟维、王毅纯.中国式股权众筹：法律规制与投资者保护.西南政法大学学报
2015，17 (2)，19–26.

香港译作"群众集资"，台湾译作"群众募资"，用实物作为回报的方式。股权众筹是众筹其中的一种表现形式。股权众筹是向大众筹资或群众筹资模式，并以股权作为回报的方式。它具有门槛低、解决中小企业融资难、依靠大众的力量、对人才的要求比较高、带动社会经济良性发展的特点[①]。

股权众筹具有公开小额的特征，其法律性质是公开发行证券[②]。将股权众筹明确为公开发行证券的性质，纳入《证券法》的规制范围，意味着每一笔企业的股权众筹都须经过证监会核准，实际上这已成为一次小型IPO或小型的再融资。2014年12月18日中国证券业协会《私募股权众筹融资管理办法》（征求意见稿）在法律规制上划清了界限。目前，一些地方的市场机构开展的冠以"股权众筹"名义的活动，实际上是通过互联网方式进行的私募股权融资行为，不属于《关于促进互联网金融健康发展的指导意见》中规定的股权众筹融资范围。

根据《公司法》《证券法》等有关规定，未经证券监管部门批准，任何单位和个人都不得向不特定对象发行证券，并且向特定对象发行证券累计不得超过200人。在"互联网+"时代，众筹平台的出现，使得小微企业第一次有可能用极少的成本，完成面向大众的融资。众筹平台实际上已将中介机构和监管机构的职

---

① 王芳."大家投"股权式众筹融资分析.辽宁大学博士论文.2016.
② 余素梅.论股权众筹的应有之义、实践偏离与法律定位.学术论坛2016，39 (12)，110–116.

责"一肩挑"。那么，众筹平台本身的合法性、规范性、风险管理和承受能力，就至关重要了。如果众筹平台遍地开花，暗箱操作、非法集资和庞氏骗局盛行，会把中国经济拖入不可预知的黑洞。

2015年6月的"股灾"，将金融创新真假混杂，互联网渠道的场外配资游离于监管之外，制度套牢大行其道等问题浮出水面。因此，为规范发展，鼓励良性创新，防患未然，必须将众筹平台尽快纳入立法和监管的正常轨道。

就目前情况来看，目前存在的形形色色的"股权众筹"仍属于私募范畴，各平台也按照私募原则自律，例如股东人数不得超过200人，对合格投资人有限制等。但由于范围太窄，目前监管层在努力推进股权众筹。一旦公开的股权众筹登场，将意味着打破200个投资人的上限和合格投资人的规定，股权众筹将真正对普通大众开放，就不再是少数人的游戏了。

股权众筹虽然为"大众创业、万众创新"提供了重要的融资渠道，但是其中隐含的风险也不容小觑。由于小企业经营和融资的高度不确定性，又是直接面向大众进行融资投资，因此投资者适当性管理和分散投资原则就至关重要。2015年9月26日，经李克强总理签批，国务院印发《关于加快构建大众创业万众创新支撑平台的指导意见》（以下简称《指导意见》）提出："投资者应当充分了解股权众筹融资活动风险，具备相应风险承受能力，进行小额投资。"

2. 股权众筹不只为钱

投资赚钱已经成为企业一种钱生钱的惯例，数十年来，此类投资只能通过购买上市公司在股市交易的股份进行。但今非昔比，已经出现了一种新的投资工具，可以实现投资民主化的理想，和传统投资工具相比，能把成功企业的收益分配得更宽更广。说到这就要提到OurCrowd，大家都知道那是以色列发明众筹的投资公司。该公司的发展前景表明股权众筹最终将成为主流，众筹正在改变投资领域的面貌。

股权众筹又被称为风险投资民主化，投资能力在1万—15万元之间的普通民众第一次有了投资私营企业、赚取巨额财富的机会。通过众筹，数百万普通投资商能够参与投资私营企业，从中获取部分高收益。这种新的投资方式被称为股权众筹，能够实现世界创新金融民主化，形成创建企业的新模式。通过近年来的商业数据，可明显看出众筹是致富新渠道。例如，如果你在1980年购买了苹果公司的股票，而且一直没有卖出，你今天的资产就翻了400倍；如果你在2007年亚马逊刚上市时就参与其首次公开募股，你现在的资产约为初始投资的350倍。

上市公司不仅通过公开交易融资，还从私募股权投资商处获得资金，其中后者指利用一笔资金赚取部分收益或获得企业所有权的风投资本家。自1980年以来，苹果风投资本家的资产涨了600倍，亚马逊则为200倍。在部分科技企业，如甲骨文公司，股市投资者的投资回报率远高于私募股权投资商（前者为350倍，后者为50倍）。只要普通投资商也能参与投资，大家就觉得一切正常。

近年来，整个格局已经发生了巨大的变化。几乎所有在2000年以后上市的大型科技企业，包括谷歌（2004年）、脸书（2005年）和推特（2013年）等，他们的投资收益都进了私募股权投资商的口袋。据报告估计，美国只有约30万人在过去两年至少进行了一次天使投资。和美国1.3亿股民相比，这一数据小得可怜。此外，美国有1 000万户达标家庭拥有超过100万美元的可投资资产或年收入达到20万美元，数量也远比私募股权投资商庞大。于是众筹就有了用武之地。通过众筹，投资商可整合资源，共同出资成立一家初创企业，或者更加成熟的企业也能以众筹的形式融资。

众筹平台主要是成立风投基金，其中不仅有富豪出资，还包括数百或数千位个体投资者提供的资金。由于美国和其他国家近来的规则变化，合格投资者（具有特定的最低净值要求）可通过众筹加入基金，用相对较少的资金投资前景广阔的科技公司，而不是像天使投资人或风投机构一样对科技公司进行数百万美元的投资。美国证券交易委员会曾讨论过众筹是否为一种可行的投资模式，而考虑到奸商可能会伪装成企业家，骗取寡妇、孤儿以及其他弱势投资者的钱财，所以也无法确定众筹是否安全，但数据证明了众筹的清白。

作为一个创业国度，以色列在建设世界科技经济和发展众筹中扮演着重要的角色，让普通投资者通过众筹，分得风投盈利的一杯羹。OurCrowd是世界上最早出现的众筹平台之一，于2012年在美国证券交易委员会实施相关批准规定不久后成立。仅在其成立的两年后，OurCrowd就已从合格投资者手中融资两亿美元，对91家科技企业进行投资。OurCrowd也由此成为以色列科技生态系统中规模最大的投资机构之一，也是全球最大的股权众筹平台之一。

通过投资民主化，美国以及世界各地的普通民众也能够从科技企业投资创造的巨额利润中受益。虽然股权众筹正处于非常早期的阶段，但是大部分人仍未意识到这将最终变成一个多大的机会。很多人会为股权众筹最后的规模、重要性和接受度感到震惊。随着融资陷入低迷，交易流程实现民主化，大量新资金流入顶级企业型公司，股权众筹将继企业金融、风险投资和天使投资成为创新金融的第四根支柱。

3. 规范股权众筹平台责任

股权众筹属于线上版的天使投资，被称为打破传统"精英创业"格局、掀起"草根创业"大潮的催化剂。2016年和2017年，由于36氪股权众筹平台上的"宏力能源"项目涉嫌欺诈，该事件不断发酵，有关股权众筹平台权责不明晰、深陷"角色之惑"的话题再次被投资者推到风口浪尖。从保护投资者角度入手，建议将投资者利益放在首位，建立完善的股权众筹风控机制。

较西方悠久而发达的金融市场，股权众筹无论从诞生时间还是目前融资规模来看，都还是一个"小家伙"，让人惊讶的是这个"小家伙"一路高歌，短时间内风靡全球。但金融的发展从来都是依托

"自身的创新发展"和"监管的激励约束"两条腿走路的。

筹资模式的"一招鲜"基金投资（Fund），是国外众多股权众筹平台常用的投资方式，即投资者将资金投到平台自身的创投基金中，由专业的团队分散投资，主要投资具有经验的天使投资人或是有VC领投的项目。该模式跟国内的私募股权投资运作模式有些类似，但投资标的大不相同，该模式主要以初创企业为主，因此收益更高、风险也更高。除基金投资模式外，国外早先成立的代表性的股权众筹平台AngelList、Crowdcube、CircleUp等各有自己的特点。

AngelList平台——"领投+跟投"。基本情况：美国的AngelList成立于2010年4月，有股权众筹平台"鼻祖"之称，截至2016年平台注册创业企业55万家，约有5万名合格投资者、6 000多家创投机构以及3 000多家创业孵化器。

运作模式：第一步，提出申请的企业在平台上传项目档案文件。第二步，AngelList根据初创企业上传的档案质量、企业在AngelList上的活跃度以及其他用户对该公司的响应程度进行排名。第三步，AngelList联合顶级风投人员对初创企业进行审查、评估后择优向平台的合格投资者推荐。而合格投资者分为个人投资者、信托投资者和基金投资者。其中，AngelList对个人投资者的财务状况是有要求的：过去两年的每年收入大于20万美元或夫妻总收入超过30万美元，且当年能维持相同的收入水平；或者净资产超过100万美元（不包括主要居所）。第四步，AngelList最具特点的是联合投资（Syndicate），采用"领投+跟投"模式，领头人发起投资，其他认证的投资人对其进行跟投，跟投人承诺投资金额，并支付给领投人一定的费用，若投资的项目超过向跟投人筹集的资金，则领头人将支付超出的金额。第五步，项目投资成功后，AngelList会获得5%的投资收益，领投人可以获得15%左右的投资收益，其余由跟投人按投资比例分配。

有趣的是AngelList的盈利模式：并不是直接收取费用，而是待项目成功后收取投资收益的5%。独门经验：一是AngelList的项目筛选、"领投＋跟投"模式设计有助于降低投资风险；二是盈利模式采取"放长线、钓大鱼"的方式，这样做的效果会使利润空间更大。

Crowdcube平台——门槛低，All-or-nothing模式。基本情况：英国的Crowdcube平台成立于2010年10月，至2014年共上线330个项目，成功众筹105个项目，成功率达32%，众筹金额为3 500万美元。该平台最小的融资金额为1万美元，多数融资额度在10万—15万美元之间，最低投资额度为10美元。

运作模式：第一步，提出申请的企业在平台上传项目档案文件，设定目标金额与出让股权份额。第二步，投资者可以选取自己感兴趣的项目进行投资。Crowdcube平台并不对项目进行审核，但投资者在投资前需要通过风险问卷测试，以便充分了解风险。第三步，Crowdcube平台采用All-or-nothing模式，当筹资目标达到时，平台将用7天的时间对项目进行反洗钱审查以及准备法律文书等，在此期间，投资者可以撤回意向投资，7天一过，投资者便可将资金缴给发起人；若项目超募，由于涉及出让股权份额的增加，需经过发起人与投资者同意才可以进行；若未达到筹资金额，则项目失败，投资者无需向发起人打入资金。

盈利模式：Crowdcube平台对于成功众筹的项目收取筹资金额5%的费用。独门经验：一是Crowdcube平台10美元起投，门槛低。二是采用All-or-nothing模式，避免了资金退还环节，减少了筹资成本。

CircleUp平台——专注消费品。基本情况：美国的CircleUp成立于2011年10月，被福布斯评为最有潜力的企业之一。平台的上线企业以从事食品饮料、日用百货、服装、餐饮零售等消费品企业为主，企业年度收入在100万美元左右。

运作模式：第一步，提出申请的企业在平台上传项目档案文件。第二步，CircleUp平台私募股权专家团审核企业申请。第三步，审核通过后方可在CircleUp上线。第四步，投资者找到自己喜欢的项目后，可以通过平台与企业联系，询问问题，平台还可以提供给投资者样品进行体验。若投资者满意，可以对企业进行投资。第五步，当筹资金额达到筹资目标的时候，钱将直接从第三方支付机构打给企业，之后，企业会将交易协议寄给投资者，投资完成；当筹资金额小于筹资目标的时候，钱将返还投资者。

盈利模式：收取佣金与企业筹资规模相联系，通常与线下支付给投行的同等筹资规模的佣金一致。独门经验：一是申请融资企业也会经过严格审核，降低投资者投资风险，二是CircleUp平台专注消费品企业股权融资，并给予投资者样品体验，有助于投资者理性决策。

监管的创新。美国于2012年3月正式通过了《促进创业企业融资法案》（Jumpstart Our Business Startups Act，简称JOBS法案），随后在2013年10月，美国证券交易委员会（SEC）批准了对众筹融资进行监管的草案，细化了有关股权众筹融资的监管规则。美国监管法规是最先出台的，最具标杆意义和借鉴效果。此后，意大利、英国、法国、韩国等发达国家陆续在借鉴JOBS法案的基础上，出台了对本国股权众筹的监管法规。

美国JOBS法案从公开发行的角度对投资人、筹资人、中介平台资质、平台禁止行为、信息披露等方面都作出了要求，构建起完备的股权众筹监管框架。其监管重点如下：

一是投资人要求：如果一个投资者的净资产或年收入在10万美元以下，在众筹证券上投资额最高为2 000美元或年收入的5%；收入超过10万美元的高净值投资人每年投资所有众筹证券的总额度将只被允许在年薪的10%以下；拥有更多资产的投资者也被限制在每年10万美元。筹资人要求：筹资人每年筹资金额上限是100万美元。在美国证券交易委员会（SEC）完成备案，并向投资人及中介机构披露相关信息。

二是平台资质：免除了众筹平台登记成为证券经纪商或证券交易商的义务。作为发行中介，允许证券发行机构通过其平台发行、销售或洽谈证券，帮助筹资人进行大众融资的中介必须向美国证券交易委员会登记。

三是平台禁止行为：禁止提供投资意见或建议；禁止通过劝诱性的购买、销售或者发行行为，吸引购买其网站发行或展示的证券；禁止基于其网站展示或推介的证券，为实施劝诱行为的员工、代理机构或者其他个人支付报酬；禁止持有、管理、拥有或者处理投资者基金或证券；禁止参与证券交易委员会按照规则确定的其他限制行为。

四是信息披露：根据发行规模，要求相关企业对财务状况进行不同层次的披露：对于10万美元或以下的发行额，在过去财政年度的所得税纳税报表和未经审计的财务报表只需由主要行政人员确认无误即可；对于10万美元到50万美元的发行，财务报表需要一个独立的会计师审阅；而对于50万美元到最多100万美元的发行，财务报表需要经过审计。

他山之石，能否攻玉？在我国，股权众筹平台为中小企业提供了新的融资渠道，对于"大众创业、万众创新"具有非常好的促进作用，我们可以学习国外发展股权众筹的"两条腿"走路的经验，促进我国股权众筹的健康发展。

第二节

奖励众筹

奖励型众筹发起者参与动机并不是单一的，5个动机因素交织在一起，并随个人经历、经验积累等呈现出复杂性和多样性；情感驱动具有中国特色，这一发现补充了发起者参与动机理论；众筹创业有着传统创业不具有的优势和特点，众筹发起者创业动机有别于传统创业动机①。

——刘明霞《基于扎根理论的奖励型众筹发起者参与动机研究》

"奖励类众筹"或"权益类众筹"，一般是生产者在研发阶段发起众筹，以预售形式提供实物或者服务作为回报。来自市场研究机构盈灿咨询的数据显示，截至2015年7月底，我国已有奖励类众筹平台66家，2015年7月单月预期筹资金额5.17亿元，而在2014年

---

① 刘明霞、黄丹.基于扎根理论的奖励型众筹发起者参与动机研究.科技进步与对策2015（24），6-11.

10月份，这个数字仅有3 899万元，可谓增长迅速。近年来，京东、阿里巴巴、苏宁等对奖励类众筹投入重金，赋予"众人拾柴火焰高"的众筹全新面貌。对于智能硬件等产品来说，众筹不但意味着雪中送炭的一笔钱，更是吸引眼球的重要途径，甚至成为提升创新内功的"入口"。

奖励众筹项目面向社会公众，需要大量的支持者才能实现项目成功。为了帮助更多项目发起人实现成功，深入了解众筹支持者的参与心理和参与动机是十分必要的。

1. 奖励众筹优于股权众筹?

在这个创业欣欣向荣的年代，很多人都希望在创业圈里找到自己的定位。Kickstarter和Indiegogo等基于奖励的众筹平台，鉴于他们在线上众筹市场有着丰富的经验，他们完全可以凭借这些经验在股权众筹市场上也施展一下拳脚。然而，Kickstarter和Indiegogo这些基于奖励的众筹平台进入股权众筹领域的可能性并不是非常大，他们在可预见的未来依然会将这个市场留给那些从一开始就致力于搭建股权众筹平台的企业。

首先，那些对奖励众筹感兴趣的投资人，与那些对股权众筹感兴趣的投资人并不是一类人，至少现在他们之间还有着很大的不同。美国证券交易委员会至今为止还没有制定出在JOBS法案下股权众筹的具体监管规则，目前的规则只对那些已经投资奖励式众筹企业或项目的人有吸引力。

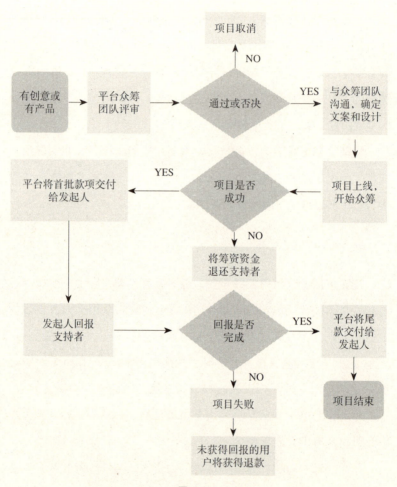

图 6.2.1
资料来源：盈灿咨询
要想互联网众筹玩得溜应该看看这个（上）http://finance.17ok.com/
news/2047/2016/0411/2525675.html

新的股权众筹平台必须遵守Regulation A+的法则，这个法规允许非授信投资者（资本在100万美元以下，或是年收入低于20万美元的自然人）进行股权众筹投资。但是众筹专家David Freedman和Matthew Nutting在最新的一篇文章中指出，对于想要进行小额融资的企业来说，Regulation A+的成本太高，而且所需的时间也太多，企业必须要付出极大的努力才能完成融资。因此，直到《JOBS法案》完善了对于股权众筹的监管规定之前，奖励式众筹平台不会贸然进入股权众筹领域，因为他们现有的投资人数量，无法成为他们在股权众筹领域之中的优势。

另外，奖励式众筹平台本身也缺乏股权众筹领域的专业性。虽然Kickstarter和Indiegogo在连接项目和投资人方面有着非常丰富的经验，但是这种经验仅仅适用于奖励式众筹平台，而不适用于股权众筹平台。Regulation A+平台需要隶属于一个证券经纪自营商之下，或是在这个自营商名下进行注册，还要在美国金融监管局（FINRA）之下进行注册，并且需要维持一个相对较高的注册资本，对于奖励式众筹平台来说，这些要求都是全新的，他们所没有接触过的。结果就是，奖励式众筹平台缺少一些关键的能力，而这些能力却是他们进入股权众筹领域的基本要求。

证券交易委员会至今为止还没有最终决定非经纪自营商门户是否可以凭借主观标准来为他们的平台选择投资机会，而JOBS法案第三章则暗示他们不可以这样做。如果证券交易委员会判定使用主观标准选择投资机会，实际上与提供投资建议类似（只有经纪自营商拥有提供投资建议的资格），那么众筹平台就将必须要在他们的网站上列出所有符合主观标准的投资机会。而这样的做法，将会削弱奖励式众筹平台在选择项目推荐的任何优势。《JOBS法案》的第三章明确规定平台必须要承担项目欺诈、不精确以及疏漏所产生的所有后果。

2. 淘宝反超京东，居奖励众筹的榜首

2017年2月9日，网贷之家联合盈灿咨询发布的一份最新报告中提及，截至2017年1月底，奖励众筹方面，淘宝众筹反超京东众筹位居榜首。报告称，榜首的淘宝众筹1月成功筹资额为1.31亿元，成功投资人次达到49.07万人次；其次是京东众筹，1月成功筹资额破亿，为1.27亿元，成功投资人次达72.15万人次；开始众筹仍然排名第三，1月成功筹资额达8 369.34万元；苏宁众筹排名第四，1月成功筹资额为3 832.08万元，成功投资人次达6.42万人次。纵观1月众筹行业总体发展情况，整体呈下降趋势，而奖励众筹成功筹资

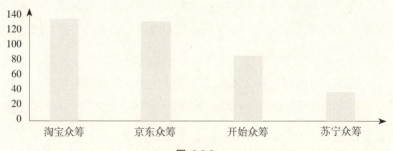

图 6.2.2

资料来源：慧博投研资讯

金额、成功项目数和成功投资人次也均有不同幅度下降情况，主要因为1月正逢春节假期，不少平台减少项目发布。

据不完全统计，截至2017年1月底，全国各类型正常运营的众筹平台总计401家。其中奖励众筹平台数继续位居榜首，与2016年12月相比减少16家，达206家。1月新增平台数量达11家，其中奖励众筹平台最多，有7家；倒闭众筹平台28家，其中奖励众筹平台有14家；转型众筹平台2家，皆为奖励众筹平台，转型方向为互联网服务公司和二手车买卖信息网；其他（提现困难以及众筹板块下架等）共有7家，皆为奖励众筹平台。

3. 京东奖励众筹佣金3%

网贷之家发布《2015年全国众筹行业年报》。报告呈现了国内典型众筹平台的盈利模式。其中，京东奖励众筹收取筹资额度的3%作为佣金，淘宝众筹不向项目发起人或支持者收取任何手续费或利润分成等费用。

具体而言，京东奖励众筹收取筹资额度的3%，在非公开私募股权融资方面，融资额1 000万以上收取总额3%的平台佣金，1 000万以下收取总额5%的佣金。非公开私募股权融资方面，为了减少融资企业现金流支出，京东众筹将佣金折算成股权，直接投入项目。

苏宁众筹向发起的项目收取3%的平台使用费。苏宁众筹的规则是在预定时间内众筹不成功的项目，筹集金额直接退回到支持者账户；而众筹成功的项目，则采用先拨付一部分项目启动金，随着项目的推进，根据项目的兑现情况逐步分批发放资金，以确保支持者得到相应的权益。对于确不能履行承诺权益的发起人，根据苏宁众筹平台的规则，除须返还支持者支持金外另行赔付5%的违约赔偿金。

人人投平台上融资成功的项目将会交纳融资总额5%的中介费，其中，4%金额分给项目所属地方分公司，1%金额归属人人投。众投天地以收取项目方佣金作为盈利方式，收取比例一般在10%以内。

4. 众筹网倾向奖励众筹

网信金融旗下的众筹网更倾向于奖励众筹，而原始会平台则侧重股权众筹。众筹网2013年的"快男主题电影"项目和"爱情保险"项目曾创下参与人数和众筹金额最多两个行业纪录。目前，以众筹为代表的互联网金融在中国已经进入到发展最为迅速的阶段。根据世界银行的预测，2025年全球众筹市场规模将达到3 000亿美元，中国市场将占到500亿美元。

众筹作为新兴事物，其市场前景已初现端倪，尤其是众筹与各行业的融合能力备受瞩目。不过，众筹的孵化器功能如何落地依然考验着相关机构的监管能力和行业平台的运作水平。

5. 科技众筹——Pebble E-Paper智能手表

Pebble E-Paper智能手表是由Allerta公司通过Kickstaerter平台发

起的项目，这一项目最初融资目标定为10万美元，而实际是在2012年4月11日至5月18日短短37天之内就获得了68 929人的资助，累计筹资额达到了1 000万美元。其中，天使资金在项目之初就给出了37.5万美元的天使投资。该项目是典型的回报型众筹项目，其在发布筹资信息时就设定了相应的回报设置，让投资者了解到Pebble E-Paper智能手表的最新进展等独家消息，这一回报类别得到了2 615位支持者；支付99美元，为投资者提供一款零售价为150美元的黑色手表，美国境内免费配送；加10美元可送货至加拿大；加15美元全球配送。这一区间吸引到了200位支持者。支付125美元，可从三种颜色的手表中任选一款美国境内免费配送；加10美元可送货至加拿大；加15美元全球配送。获得了14 350位支持者。支付240美元，可从三种颜色的手表中任选两款美国境内免费配送；加10美元可送货至加拿大；加15美元全球配送。获得了4 925位支持者。

6. Oculus

Oculus是Kickstarter上的一个明星项目，致力于建造一款头戴式可沉浸娱乐设备，当时炫目的视觉效果以及与游戏结合的生态吸引了很多人。2012年8月在Kickstarter上一日便募集了超过25万美元的目标，一个月累计募集了接近250万美元。此项目采用奖励众筹方式，除了可以获得T恤与海报外，资助超过275美元的投资人将会在项目成功时获得至少1套组装完毕的机器套装和配套软件（这套设备售价约350美元）。伴随着项目设备的成熟与发展，

2013年6月与12月分别完成了A、B轮融资，最后于2014年3月被Facebook以20亿美元的价格收购。

这个项目的启示意义在于，虽然从商业化运作上堪称一个完美的成功案例，但是各方对于这个结局的看法显然是不同的。虽然最初的众筹出资人很多都收获了那套他们预想的设备，但是他们中的很多人认为自己被愚弄了，他们为这个项目投入了大量的感情期望并且一直期待这个公司能够做出一些基于狂热创造想法而非侧重商业化的产品。很难说在这个项目上谁是对的，如果Oculus当初采取的是股权众筹，现在又会是怎样，至少这笔收购可以让绝大多数小股东们兴奋好长一段时间。

7. 奖励众筹的喜与忧

一些著名的众筹网站在这几年纷纷获得了巨大的成功。例如Indiegogo，他们每个月的活跃用户达到了1 500万人，而且已经发布了超过27.5万个众筹项目；还有Kickstarter，这个平台上已经有大约8.8万个众筹项目获得了成功，这些项目总共获得了超过18亿美元的资金。Kickstarter和Indiegogo都是基于奖励机制的，例如项目支持者为一个项目提供了资金，那么项目成功之后，支持者可以用更低廉的价格获得这个产品等。

Kickstarter和Indiegogo的核心区别，就是Kickstarter奉行的是All-or-Nothing模式。也就是说，如果一个项目没有成功达到目标金额，那么所有支持者的资金将会被全额退回，企业一分钱也得不到。

　　而Indiegogo则更加灵活，它奉行的是Keep it All模式。也就是说，即使项目没有达到众筹目标，企业也可以得到已经获得的资金。是否将资金退回给支持者，企业可以根据需要和具体情况进行选择。但是如果项目没有达到融资目标，Indiegogo会向项目发起者收取更高金额的服务费。这种奖励式的众筹，看上去也许非常适合初创企业，特别是那些生产真实产品的初创企业。但是这种众筹方式也有其缺点，尤其是对于支持者来说，风险会更大。虽然支持者可以获得一定的奖励，但是他们对于所支持企业的发展轨迹完全没有话语权。对此，一些支持者会觉得心里不平衡，毕竟这家企业最初是依靠这些支持者才发展起来的。

第三节
公益众筹

　　互联网公益众筹势必会成为我国社会大众参与社会公共事务的有效途径之一。搭建高效、安全的互联网公益众筹平台，互联网公益众筹的合法性和监督机制的尽快落实形成，都是保障互联网公益众筹在未来健康、可持续发展的基础①。

　　——王佳炜等《论互联网公益众筹对公民参与的促进作用》

　　社会自治能力是社会治理能力现代化的标志之一，而公民参与是提升社会自治能力的重要前提。以互联网为代表的传播技术的革新正在给公民参与带来崭新机会，互联网公益众筹就是其中之一。随着互联网的迅猛发展，公益众筹异军突起，成为民间公益慈善新的阵营。相比传统的募捐方式，网络募捐门槛低、传播快、影响大、

---

　　① 王佳炜、初广志.论互联网公益众筹对公民参与的促进作用.西部学刊2016 (14)，56-58.

互动强、效率高，使善款畅通无阻，让募捐者在最短时间内得到救助，感受爱心的温暖和慈善的伟力。

1."费用资助"模式

知名公益人阿蔡是一名80后，因为大学的专业是社会工作，使得他更为关注社会的发展和环保方面的问题。2010年，他首次接触到了"社会创新"领域，并定下了将来自己的发展方向。为了用文字、录像等记录世界各地的青年人用自己的力量改变社会的故事，他计划启动为期一年半的"环球社会创新纪实之旅"。2013年5月，阿蔡通过追梦网发起了"阿菜的环球社会创新采访——纪录片《改变世界的青年人》"众筹项目。项目的目标金额为125 000元，分别设置了25元、125元、500元、1 000元、5 000元、10 000元、30 000元7个资金支持选择。最终，该项目在限定时间内获得428人次支持，筹得款项164 240元。也就是说，阿蔡结合纪录片的拍摄需求，在众筹网站发起项目。在项目介绍中，他非常详细地介绍了自己、他想做的项目、为什么需要网友的支持、经费的开支预算、回报方案、项目风险。结合目标金额，设置了7个等级的支持选项，回报的内容也是逐级递增，大大增强了项目的可信度。普通支持者可以选择低额度的支持；商业支持者可以结合企业或团队情况选择高额的支持，并借此机会达到商业宣传的目的，这就符合了不同层次的支持能力，使得筹资更顺利完成。这种模式是目前应用最为广泛的公益众筹模式，其特点是操作简单明了，支持者直接根据自身情况选择捐赠的金额档次即可，并获得相应的回报。但这种模式的缺点是只有资金支持一种方式，选择不够多元化，导致一部分经济条件不宽裕的热心公益者无法参与。

2. 以腾讯公益为例的"配捐"模式

2015年9月，腾讯公益联合多家企业、公益组织、创意机构等联合发起"公益日"，通过腾讯自身的产品和平台优势，吸引众多合作伙伴及公益力量，打造我国互联网平台的"公益嘉年华"。支持者可以在腾讯平台上对数千个公益项目进行小额捐赠，在解决公益项目筹资难问题的同时，传播健康快乐的公益理念。2015年，腾讯基金会主要以1∶1的形式进行配捐，每人每天的配捐额度为999元，每个项目的配捐上限为999万元。2016年，腾讯拿出1.999 9亿元进行配捐，配捐的方式有所调整，从原来的1∶1变为"拼手气"配捐，配捐金额不定。通过"配捐"的模式进行众筹，将公益参与变得更加有趣、好玩，也更贴合现在青年网民的特点。在特点时间内进行"配捐"，有利于公众对公益项目进行聚焦，在社会上形成良好的公益氛围，引导大家一起参与公益。支持者捐1元，收到成倍的公益效果，会刺激公益项目支持者多为项目出钱。尤其是"配捐"玩法调整后，捐1元可能获得几元的效果，容易激发支持者的好奇心理，将公益参与寓于娱乐当中。其他众筹平台可以参考腾讯公益日"配捐"的方式，通过与大企业或基金会的合作，定期以"配捐"形式重点帮扶一批项目，吸引支持者进行网络捐款，不断扩大平台的影响力。公益众筹项目，也可以通过这种方式同时获得企业和普通网民的支持，拓宽项目融资渠道，挖掘潜在的项目支持者，增强项目融资能力。但是，发起"配捐"模式的前提是，该公益项目本身已经获得一定的资金支持，或发起公益项目的平台愿意以此种模式与网友一起支持公益项目，否则不具备使用该模式的前提。一些小微型的公益项目或众筹平台较难使用此种模式。

3. 通过"菜单选择"模式发起众筹

一个致力于传播女性关爱理念的公益团队发起了《那一抹粉色》乳癌防治纪录片众筹项目。该项目通过京东众筹平台发起，目标金额为 10 万元。经过众筹，项目获得 10.9 万元支持，共有 203 名支持者支持了该项目。在该项目的支持选项中，支持者除了可以选择提供经费支持，还可以选择该纪录片的摄影师或拍摄对象，共同为这部公益纪录片出力。"绿动未来"众筹网站是我国专注环保公益类的众筹网站，对众筹的项目进行了细分，包括了项目众筹（主要筹集资金）、人尽其才（主要筹集人力资源）、物尽其用（主要筹集物资）、点子众筹（主要筹集环保类的好点子）。作为支持者，除了资金上的支持，有了更多的选择。如该平台的项目"用你的废旧牛仔裤创造一个吉尼斯世界纪录"，主要目的是倡导环保理念，提倡旧物回收。参与方式是制作一块由 168 个牛仔单片组成的地毯，回报包括：地毯上展示自己的理念、文化或才艺；获得世界环境日现场巨型地毯拼接入场券；若制作的地毯成功拍卖，收入归负责缝制的正规的公益团队或机构所有。

单一的资金支持方式，在一定程度上提高了公益项目的参与门槛，但不利于"人人公益"理念的传播和推广。通过"菜单选择"的方式，让公益众筹项目的支持者可以在资金支持外有更多的选择，让更多的资金力量、人才力量、智慧力量都汇聚到公益项目上，使得公益项目在有了保障基础运作经费的基础上，得到更多人的参与和支持。一些需要寻求不同支持的公益项目，可以考虑选择这种公益众筹模式。但这种模式因为选择多元，在发起公益众筹的时候，需要充分考虑会否导致更多支持者选择"出力"而非"出钱"。对于更需要筹资的公益项目而言，这种方式存在流产的风险。

4. 通过"社会化+社交化"模式发起众筹

以蒙牛乳业"交换卡路里"公益活动为例，蒙牛"交换卡路里"活动由蒙牛联合多家合作伙伴发起，主要目的是解决农村的贫困孩子们没有过冬手套的问题。该项目主要依托腾讯公益、新浪微公益发起。活动的做法是，网友按照指定玩法登录报名，选择计划捐赠的学校，签署卡路里协议，每消耗60卡路里，蒙牛就会送出一对过冬手套。支持者消耗的卡路里越多，企业送出的过冬手套就越多。在送出手套后，支持者会获得"交换卡路里"的电子荣誉书作为回报。证书可以作为荣誉分享，也可以号召更多的公益支持者参与到活动中来。"交换卡路里"活动无疑是公益众筹玩法的"进阶版"。它很好地融合了互联网社交参与、互联网链式传播等元素，结合现代年轻人追求健康生活方式的需求特点，与企业形象宣传完美契合。"你出力，我出钱，一起做公益"的方式，将一大群热爱健康、热心公益的网友从线上吸引到线下，再从线下回到线上，通过虚拟的荣誉证书在互联网形成裂变式传播，宣扬了公益理念的同时，又树立了企业的良好形象。现在，很多企业都会将商业营销与公益宣传相结合。如果能将社交平台的元素植入到公益项目的参与中，而不仅仅局限在资金支持一项，让支持者通过"举手之劳"就能完成公益活动的参与，必能很好地扩大活动的影响力，网民也更愿意转发呼吁更多志同道合者参与。这种模式与"配捐"众筹模式相似，都需要先找到项目的支持者才可以确保项目顺利进行，对公益众筹项目发起有前置条件。

5. 我国公益众筹将有规可依

2017 年 7 月 30 日，国家民政部公布了《慈善组织互联网公开募捐信息平台基本技术规范》和《慈善组织互联网公开募捐信息平台基本管理规范》，明确了网络求助行为不属于慈善募捐，其信息的真实性由提供方负责，信息平台对个人求助应加强信息审查甄别、设置救助上限、做好风险防范提示和责任追溯。这项规定于 8 月 1 日起实施。

近几年，我们的朋友圈经常会冒出这类信息：某某身患重病，家庭困难，请爱心人士慷慨解囊。以轻松筹、爱心筹、公益宝等为代表的这类公益众筹平台通常都有对筹款的审核流程，看起来像是正规的公益众筹平台进行审核。不过，所谓的正规也只是平台自身的审核规矩。然而，由个人募捐引发的负面新闻，频频见诸媒体，损害了公益众筹的公信力。此前，国家对互联网募捐平台并没有统一的技术和管理规范。

2016年《慈善法》修订时，就曾重点讨论，最终认定个人为解决自己或家庭困难发布求助信息不属于慈善募捐，真实性由个人负责，不属于慈善法调整范围。但是个人的网络求助客观存在，如何规范地进行呢？2016年8月底《慈善法》实施前夕，民政部根据慈善法的相关授权规定，公开遴选了首批13家慈善组织互联网公开募捐信息平台。

目前，只有具有公开募捐资格的慈善组织才有资格发起互联网募捐。根据此次发布的两项规范，个人为解决自己或者家庭困难，提出发布求助信息时，平台应当有序引导个人与具有公开募捐资格的慈善组织对接。不过，目前的项目依然是个人救助居多，通过慈善组织发布的信息较少。各个平台把关，要求平台和很多慈善组织建立联系，如果没有慈善组织进行审核，光靠平台自己审核，其实是没有力量的。

事实上，从2016年开始正式实施的我国首部《慈善法》已经明确，通过互联网公开募捐，应该在民政部门统一或者指定的平台发布信息。现在，在个人求助方面，民政部对网络募捐平台提出了标准，但并未明确平台责任，总是让人有些不踏实。那么，我们可以参考一下，对于个人在网络上募捐、众筹等行为，其他国家是如何监管的？

　　美国：民间个人募捐行为合法，有著名捐赠众筹网站Go Fund Me。美国民间有很多个人募捐、投资、众筹的机构和平台。美国华尔街多媒体记者赵冰晶表示，美国已经明确规定，这类行为合法。比如，在美失踪的中国访问学者章莹颖家人就是通过Go Fund Me这个著名的捐赠众筹平台，在短时间内筹到了家人在美国的花费。美国JOBS法案第三部分，规定向个人募捐、投资、众筹的行为是合法的。美国众筹网站Go Fund Me是2010年上线的，其目标是建成为个人需求、个人活动，或者个人的目标提供众筹募捐服务的平台。它的服务范围非常广泛，比如可以为患病亲友进行募捐、为一场体面的葬礼募捐、为社区的橄榄球球队募捐，或者如果想要去旅行也可以在上面进行募捐。目前Go Fund Me已经开始接受来自美国、英国、加拿大、澳大利亚还有一些使用欧元的欧盟国家的众筹项目。也就是说全世界各地的人都可以在Go Fund Me上进行捐赠。

　　它是如何在法律的范围内进行有效监管的呢？Go Fund Me首先要求发起人一定要使用实时的姓名保证项目的真实还有信息的透明，但是捐赠人可以匿名。除此之外，Go Fund Me要求发起人要保证个人的信息与其在Facebook上的信息是一致的。也就是说能够让捐赠人清楚知道自己把钱捐给了谁，如何使用，以及及时获得来自受赠者的直接反馈。

　　日本：慈善行业发达，日本人对慈善筹款欺诈行为深恶痛绝。

日本是个多灾多难的国家，这也催生了日本发达的慈善行业。在日本的大中型车站经常可以看到慈善筹款的行为，主要是为自然灾害、患有疑难病的儿童筹款。以慈善筹款的方式进行欺诈也时有发生，比如曾有一位女性谎称妹妹的孩子患有心脏病，需要筹集1.5亿日元到国外治疗。她开设了筹款网页，还邀请报社记者采访，产经新闻等几家报社随后登出了筹款的报道。但是，第二天就被曝出孩子在学校健康地上课，谎言败露，该女性公开道歉，承认是为了还债设计的骗局。相关记者因为没有对事实进行调查，只是根据该女性发放的宣传资料进行了报道，受到了报社的处分。

俄罗斯：通过网络进行个人募捐行为罕见，短信捐款比网络捐款更流行。在俄罗斯，单纯以网络募捐的慈善活动非常小众，目前还没有流行起来。这主要是因为民众信任缺失和政府政策限制两方面的原因造成的。

俄罗斯是一个经历了大灾大难的民族，每次出现天灾人祸的时候，社会上各种慈善募捐活动也异常活跃，发起慈善捐助的活动主体也种类繁多，既有政府部门，如各地社会保障局乃至财政局、税务局；也有慈善机构，如俄罗斯慈善与健康基金会、俄罗斯儿童基金会等；还有各大政党以及教会。

但随着媒体的接连曝光，利欲熏心的组织者们无不打着慈善的旗号，在捐款支出的每一个细枝末节玩着"猫腻"，尤其在经济危机和社会转轨的特别时期，没有火眼金睛来判定真假的民众，干脆对于慈善组织公开的账目一概不信任，如果要捐款，就捐给上帝好了。所以俄罗斯东正教的慈善活动成了最受民众欢迎且信任的项目。发短信捐款是目前俄罗斯最普遍、最轻松的捐款方式，比如发送固定格式短信到慈善项目指定账户，捐款会被运营商直接捐出。反观虚拟世界里，真假信息难辨的爱心捐助对于俄罗斯民众来说并不感兴趣，而且在操作上，一般比短信捐款还要复杂得多。

澳大利亚：要求所有公开募捐活动必须获得以州为单位的法律许可。《全球华语广播网》澳大利亚观察员胡方强调，由于人们对于个人募捐行为的不放心，澳大利亚的募捐通常通过大型的慈善组织完成。

澳大利亚的网络求助者主要使用美国的网上求助平台，比如Go Fund Me。毕竟澳大利亚人口基数有限，建立一个独立的网络求助资助平台不太现实。由于整个这类活动的平台依托于美国网站，澳大利亚地区很难监管，所以在澳大利亚发生的网络求助募捐良莠不齐，既有的确是解决燃眉之急的需求的，也有非常奇葩、让人无法理解的求助。

由于澳大利亚的公费医疗是全民免费的，所以网络求助很少会与患病开刀需要钱直接有关，但是有间接关系的求助确实不少。例如，一户悉尼的家庭去海外度假，孩子在海外不幸溺水，陷入昏迷。当地的医疗条件有限，为了紧急送孩子回澳大利亚治疗，需要立刻办理专机空运，家人一筹莫展。但就在这个时候孩子妈妈的一位朋友想到了网络求助，并希望尽快筹集到42 000澳元紧急空运孩子回澳大利亚，最后不到24小时家人共获得了8万澳元的网络捐赠，孩子也在第二天下午乘坐专机飞回澳大利亚。总体来看，澳大利亚的网络求助并不兴盛，因为澳大利亚无力支付医疗费的事情并不会发生，不会有这一类求助，而其他例如生活穷困或者特殊原因的求助一般会通过非常正规的慈善组织在线下筹措；换句话说，在网上进行求助的很多理由相对显得比较奇葩，或让人哭笑不得。

第七章　路　线

第一节

众筹在创业企业的价值评估中的作用

众筹模式能够推动全民创新创业，有助于形成创新创业精神。在当前我国处于经济结构转型升级的阶段，这种创新创业精神的沉淀对我国宝贵的传统以及经济结构的转型升级有着极为深远的价值。

——田雅婷《我国众筹模式价值及风险分析

——以京东众筹为例》

众筹作为互联网金融的一种新模式，将投融双方直接对接并撮合，在解决小微企业融资难、丰富大众投资渠道的同时，大力发挥了互联网金融的普惠价值。

1. 众筹的真正价值所在——"社群效应"

现阶段，众筹已呈现出爆炸性增长状态。在美国，仅2015年通过股权及奖励模式众筹的资金就达到20亿美元。然而，众筹并不仅仅是募集资金的一种方式。随着创业者、企业家与投资人及用户之间的不断接触，这种互通的环境让早期VC（风险投资，Venture Capital）那种不透明及充满"寡头政治"意味的市场逐渐变得更加民主及开放。创业者们并非依赖营销商与风投家们为一些新发明或新点子创造新生需求，而是通过与新生需求——用户及社群的直接接触来完善创意、估算利益。

作为一个平台，众筹让创新者与需求者"一见如故"，进而为即将投入市场的产品理念打开了新局面。举个例子，目前当之无愧最火的科技产业——虚拟现实（VR），由于20世纪90年代时相关技术还不够成熟，它在很长一段时间内遭到传统风投界的无情忽视。

2012年，一个名叫Palmer Luckey的网友在某VR社区留言板提到，自己想启动一个筹资项目（股权众筹网站Kickstarter的前身），目的是为自己正在改进的一款新型VR设备——Oculus Rift筹集资金。他向社区成员们寻求帮助，希望他们能够支持这次活动。而结果让Luckey大受感动，网友们不仅给予资金的支持，还参与了Kickstarter的logo设计以及销售模式的创建，甚至还帮平台进行了技术改进。在此基础上，Kickstarter几个月后就正式启动并获得了巨大的成功——筹集资金多达数百万美元。似乎一夜之间，VR不再是一个被遗忘的20世纪90年代的流行趋势，而是摇身一变成为当下最火的科技开发热点。不仅Oculus很快被Facebook以20亿美元巨资收购，VR行业也经历了爆炸性增长，微软、索尼以及三星等科技巨头都相继发布了自己的VR主打产品。

　　而如果没有"众筹"，这些基本都不可能实现。

　　通过对一些成功完成众筹的项目创建者进行的调查结果表明：众筹既可以用来验证市场需求，又可以建立广泛的支持性社群（社区）。在Oculus这个案例中，众筹的"平台作用"十分显著：让充满热情的VR爱好者社群主动为"自己人"（Palmer Luckey）提供支持，让Oculus这个"梦想"无须经过传统"看门人"的查验就可直接"照进现实"。

　　通过平台筹集资金获得的成效之一，就是建立项目创始人与支持者（投资者）们的直接联系。投资同一个项目的社群往往会因这个众望所归的项目产生归属感。这种"持股"通常是相当积极的，原因在于它会引导社群尽全力创造出经得起考验又值得称赞的产品。当然，得到的还有在相互扶持中产生的"革命友谊"。

　　同样，来自社群支持的压力会为项目创始人灌输一种责任感。因此，即使有时候创始人未能完成社群期待的目标，众筹最终宣告失败的概率也是比较低的。经过调查，美国只有大约9%的众筹项目不能成功完成。与此同时，为了提高成功率，创业者也需拼尽全力在众筹过程中保住自己的项目，例如投入自己的钱向支持者们履行承诺。

　　在众筹的议程设置中，尽管资金本身是一项毫无情感色彩的投资，但失败的成本却是巨大的，这不单单是个人的问题。一个由于外部不可控因素而失败的首次创业者，也许还会在未来受到VC的青睐，但一个不能使支持者们信服的项目创始人，在将来也很难被接纳。

然而，项目创始人与支持者之间的动态关系远不只"履行承诺"那么简单。摆在眼前的事实就是，如此庞大的支持者社群（仅Kickstarter平台就有900万人）意味着众筹平台可以创造创始人与支持者之间更多的"共鸣"，筹到钱的项目也会更具多样性。

此外，通过传统渠道，女性拿到钱的难度要比男性大得多。调查显示，美国境内通过VC完成融资的企业中，女性担任联合创始人的公司竟然不到8%。

而恰恰相反，在众筹领域，女性比男性表现得更为出色[①]。国外针对众筹的一项研究显示：所有人的地位都在趋于平等。在Kickstarter平台上，女性筹资的成功概率比男性高出13%。从更深的层面来讲，我们发现这种更高的成功概率来源于其他女性的全力支持，特别是当女性创始人奋战在男性主导的行业（例如科技或视频游戏领域）中时。说到这里，也就不得不提到支持者们对项目的评估标准：支持者们可以有各种各样的理由来为项目捧场，其中就包括了"对支持弱势群体或同胞的渴望"。

除了支持者及筹资缘由的多样性外，国外学者也进行了一项调查，结果显示，这些民间支持者的决策能力并不比专业人士逊色。美国国家艺术基金会曾经是艺术类创业项目重要的融资来源，但众筹却正在让它的作用变得黯然失色。这同时也成了评论家相当关注

---

① 穆瑞章、刘玉斌、王泽宇.女性社会网络关系与创业融资劣势——基于psm方法和众筹数据的经验研究.科技进步与对策2017，34（8），80-85.

的一个话题。一些剧院众筹项目的支持者们只是为了取悦低文化人群，而并没有关注剧院本身的价值。部分专业评论家对Kickstarter上的一些艺术项目进行评估，并在此基础上对众筹群体和专家关于项目的一些看法进行对比审核。

调查结果很有趣，他们的观点大部分是一致的；即使有差异，众筹一方也比专家团更善于把握机会，窥探到项目的亮点。更有意思的是，那些被支持者们选中的项目最终都取得了一系列关键性的商业成功，而专家团拥护的项目就没有这么好的"运气"。很显然，这表明基于平台的资源配置有能力为传统的专家型决策系统进行完善与补充。

用户导向型平台往往与Gig型经济（零工经济，一个人做多份兼职）联系在一起——通过短期契约"捆绑"用户与供应商。而众筹却告诉我们，平台也可以成为可持续业务与重大创新的孵化基地。这种从以专家为中心的融资议程到平台化集资手段的过渡，除了能增加创新的多样化，还能挑选出高质量的创业项目，继而结出成功的果实。

2. 实体店铺股权类众筹与大众创业的价值评估

关于这个问题，上海隆筹金融信息服务有限公司董事长兼CEO邱进前的一篇网文讲得很透彻，本书摘编如下。

当"规范发展互联网金融"写入了"十三五"规划，国家和社会都在大力推进和鼓励大众创业万众创新时，众筹凭借其有效而显著的资金筹集作用，又兼具价值发现和市场接受度的试金石特质，一跃成为创新创业初期融资渠道的好搭档。根据众筹类型、众筹项目实际融资情况和大众投资心理分析，实体店铺的股权类众筹最具有大众创业的冠军相。

（1）梦想很美，现实很冷

"众筹"的定义和发展历史不在此赘述，其类型根据不同的回报方式可以划分为债权众筹、权益众筹、股权类众筹和公益众筹。债权众筹是以利息为回报方式，也就是P2P；权益众筹以未来的产品或服务为回报，常见为预售；公益众筹是不求回报的募捐；股权类众筹是通过持有股份获取未来收益。

众筹进入国内发展后，以实体店铺作为项目展示的，在一开始比较多见的是权益众筹，如旅店、餐饮、手工作品、美容养生店铺，多采用感谢信、纪念品、店铺自产商品/服务、设备/场地使用权和会员卡等作为回报内容，众筹成功项目的目标筹资额都不高，从几千万到几万元不等，众筹门槛低，大多以1元至10元为众筹起点。该类众筹项目在众筹发展井喷的几年中没有太多变化，截至目前，老牌众筹平台众筹网的"奖励众筹——商铺"项目，基本上仍然延续了上述特性和回报结构。

早期股权类众筹的实体店铺中最受瞩目的成功案例当数"3W咖啡"，聚集了100多名互联网业界企业家、投资人、媒体和创业者为股东，号称国内第一家众筹咖啡馆。需要指出的是，"3W咖啡"的成立初衷和大部分股权类众筹项目不同，是为互联网业界提供一个开放、专业、休闲的交流场所和沟通平台，以积聚了互联网界最雄厚的人脉圈而闻名，也曾濒临倒闭，又绝处逢生拿到了多轮融资，搭建了一个具备创业孵化器、天使基金、招聘平台和品牌营销等创客服务的"3W"互联网生态体系。从盈利角度来说，由于咖啡产业在国内市场的接受度还很浅，开个咖啡馆和一般餐饮店铺的差别很大。无数个咖啡馆的经营者或曾经的经营者都表示过，开咖啡馆不是一件容易的事情，通过咖啡馆赚钱或者过上自己想要的日子，比梦想还遥远。不少人满怀激情冲进来，又在激情消退后苦于收益无法平衡支出而关门大吉。而大部分股权类众筹项目，在创业创新过程中，都无法回避投资人对众筹项目的预期回报。

根据众筹门户网站"众筹家"发布的《中国众筹行业报告2015》（上），"众筹家"于2015年5月使用计算机程序采集了92家平台的众筹项目信息，统计数据显示，股权类众筹项目进入统计名单的数量不足权益众筹项目的五分之一，融资需求却是权益众筹的三倍，但实际融资金额却不到权益众筹的一半；股权类众筹项目中研发型产品或互联网平台偏好显著，软件系统类项目占项目比例高达47%；而在不同众筹类目的总投资人数和项目平均投资人数的统计数据上，公益众筹项目和生活用品类项目在该两个数据的排名上分别稳居第一、第二，而软件系统类项目的排名则非常靠后。前述数据表明，股权类众筹的市场需求极大，目前众筹平台远未能满足其需求；众筹投资人对与日常生活密切相关的项目关注度更高，参与意愿更强烈，软件系统类项目由于技术门槛和专业性问题，对一般投资人而言缺乏吸引力。软件系统类项目在众筹平台上的集中热度与投资人的遇冷反向推断也正说明，软件技术类项目由于不够亲民、不够"接地气"，在线下生活圈中很难融到初始资金，而更多地将希望寄托于互联网上的伯乐相马。

（2）为梦想的种子垒平台

近年来，众筹平台渐有细分趋势，老牌综合型众筹平台深挖垂直领域完成战略转型，如改造为智能产品首发平台重新出发的"点名时间"和重心完全转移至微电影的"淘梦网"；新型众筹平台则上线伊始即专为特定行业和群体打造，如游戏动漫众筹的"摩点网"和纯音乐行业项目的"乐童音乐"。股权类众筹领域的几大平台也各有特色。

天使汇在成立初期即以TMT行业和高新科技行业的初创企业为重点关注对象，主打创新模式"闪投"是针对线下路演产品，以打造投资人和创业者高效的一天为目标，上午路演，下午沟通，傍晚即签约；另一模式"快速合投"提供在线认购股权项目，通过投资人合投实现超额认购，目前不接受实体店铺项目。天使汇对平台投资人的要求很高，要求是"风险承受能力较高、具备成熟投资经验的特定投资者"，表示不鼓励大众参与具有相对高风险的股权类众筹。在证监会将"股权众筹"定义为"通过互联网形式，进行公开小额股权融资的活动，具有'公开、小额、大众'的特征"后，天使汇更是多次发声自己是天使合投平台，而非证监会监管范畴内的"股权众筹"。而打出"首家专注于实体店铺股权众筹的网络平台"

口号的人人投则明确声称"为草根天使投资人提供优质融资实体店铺项目"，上线项目都属于"吃喝玩乐"，与普通老百姓的生活比较贴近，但申请融资的项目，必须已有三家以上实体店，其中至少一家经营一年以上。这么一比较，很明显，天使汇鼓励草根创业，但不带一般老百姓玩儿。人人投则错开项目定位，极力发掘创业者身边的草根做天使，促使融资成功。

一个怀抱梦想的创业者，了解手里的底牌和心理的预期，知道想做什么、想要什么，了解了平台特性，才有合适的选择。曲高和寡的创意虽然无法吸引太多的关注度，应者寥寥，但是如果争取到知名投资，则名利双收，后续发展大可期待。入行门槛低，易于复制的生活服务类项目，在太多类似项目中可能难以脱颖而出，但针对的群体基数大，即使众筹不成功，也可当作一次不错的营销展示，投资人和潜在投资人与消费群体之间的转化率还是挺令人满意的。

（3）拔一个萝卜给自己

在本职工作以外，发掘一个副业，找一个稳健的长期投资，是各理财大师对年轻人谆谆教导的真理之一，不少退休人士也颇有再次创业的壮志雄心。一个相对成功的品牌必然经历过创始人殚精竭虑、全力以赴的阶段，没有极大的热情支持，半途而废者众，举步维艰者众，绝大部分更是在创业的念头刚萌芽时就打了退堂鼓。股权类众筹的出现，似乎是个抱团取暖的不错选择。对比软件系统，智能科技和文化艺术等项目的专业性要求，生活服务类实体店铺因贴近生活，又"看得见、摸得着"，在潜在投资人中的接受度比较高。投资人认可项目的原因可以是寻求志同道合，可以是满足梦想，可以是看中行业前景，可以是纯粹为了收益，不论出发点如何，都是多一个选择的可能。融资人完成融资项目可以增加资金，可以扩展资源，可以发掘新的增长点，可以提高抗风险能力，不论收到什么，都能为未来发展增添一点动力。一个实体店铺的众筹项目，就像小时候听的儿歌，拔萝卜啊拔萝卜，一个人拔不起，就找老太太、小姑娘、小黄狗、小花猫一起来帮忙。如果有志于此，从投资人角度，就是如何挑选一个大萝卜了。

实体众筹也已有了细分网站。众筹网旗下的原始会在项目方面尚未要求实体规模及经营期限，理论上，个人、企业都可以在线发起融资需求。人人投对众筹项目的要求前面已经作了介绍，和人人投要求比较类似的是筹道股权和天使街，除了实体规模和经营期限要求不一以外，都只接受法人为发起人的项目。而"叫板"人人投的众投天地，同样深耕生活消费行业，但定位于大型品牌连锁投资，项目标准显得有些高大上：（1）品牌连锁店数量至少达到20—30家；（2）获得过机构投资；（3）估值过亿。上述标准筛选出的项目撇开是否能保证投资人投资前项目的安全性不说，至少在一定程度上已经接受了市场的检验，口碑和竞争力都初步具备了。投资人在选择项目前，根据投资习惯、行业熟悉度、风险偏好、目标要求，扪心自问是希望打造一个个性小店，还是"小舢板搭上大航母"，既借助了品牌连锁的东风，又免除了高额的加盟费；希望亲自参与项目的经营管理，还是坐享其成等收益。完成自我评估后，从相应平台上寻找项目，可能有事半功倍的效果。

当然，"投资有风险，入市须谨慎"的老生常谈到任何时候都不过时。选择项目是一个综合而复杂的过程，平台的风控措施，融资人的个人魅力，融资方案的设置和风险，行业的发展和价值判断，都是投资评估的一颗颗砝码。但不论怎么说，当大众创业和万众创新的风刮得如此猛烈时，实体店铺的股权类众筹很有可能引领普通民众的投资习惯发生变化，在万众创新前先给大众创业放一把火，驱驱阴雨天的寒冷。

第二节
众筹影响创业企业的战略性成长

> 互联网背景下的众筹已经不仅仅作为创业者的一个融资渠道，更具价值的是，创业者通过众筹为产品赢得广泛的社会关注，进而构建一个基于产品的众筹利益相关者的网络，从中获取各种异质性、稀缺性，甚至是战略性的创业资源[①]。
>
> ——陈阳《众筹情境下社会资本影响技术
> 新创企业资源获取结果研究》

随着互联网的蓬勃发展，整合互联网上的社会资源变得比以往任何时候都更具有商业价值。通过互联网，对空间分散但总量庞大的社会资源进行整合，无疑是为创业者提供了一个获取资源的新途径。在这种背景下，汇集着各方众筹利益相关者的众筹平台应运而

[①] 陈阳.众筹情境下社会资本影响技术新创企业资源获取结果研究.电子科技大学博士论文，2015.

生，成为各方进行信息互通和资源互换的网上虚拟社区。

1. 闯入天使投资行业不易

2014年，中国天使投资迎来了"元年"，在国家鼓励创新创业的氛围下，中国天使投资市场达到空前活跃。

做孵化器出身的云投汇创始人兼CEO董刚，因为所处行业的原因，很早就接触到了天使投资和早期投资。创业创新领域嗅觉敏锐的他，意识到互联网股权投融资是一个极具潜力的金矿，于是抑制不住内心的追求，果断投身互联网时代下的新天使投资。

（1）一个机会改变一生

在20世纪90年代，本科很受欢迎，就业也是双向选择，而董刚就考上了教育部直属的十三所重点本科学校之一的吉林大学，并在商学院学了四年经济学后，顺利进入中国建筑集团，从事跟自己专业相关的管理性工作。在中国建筑集团，董刚也颇受领导器重。据悉，毕业两年不到的他，就已经是中建六局的干部典型。此后，到第三年，25岁的董刚就成为中建系统最年轻的科长。由此可见，董刚在中国建筑可谓是如鱼得水。

职业生涯发展得这么顺利的人，大都不会想着离开公司，但有一个去北京发展的机会掉到正值年轻的董刚面前，这个机会的挑战性很大，发展前景也很广。年轻人总爱挑战，董刚也不例外。他权衡了一下，觉得还是出去多看看不一样的风景才不辜负青春。董刚对中国建筑的感情较深，因此他是带着一丝留恋于1998年辞去这家大型国企的部门经理职位，从天津来到北京，开始了新的发展旅程。

正是在1999年，董刚进入北大工作，这个决定性的选择也是改变他命运的重要一步，在北大早期参与北京大学校办企业的改制，后来创建北大科技园、北大孵化器及北大留学人员创业园。当时，北大科技园是第一批国家级大学科技园，董刚的主要工作就是做科技园内早期科技创新项目孵化工作。那个时期，中国的孵化器大都是国有机构和企事业单位在做，与今天我们看到的蓬勃兴起的创新型孵化器形态差别较大。以前，孵化器以物业为载体，没有办公空间，就不算是一种典型形态的孵化器。而今很多孵化器都获得民营企业参与，多数都是以营造创业与投资环境为主的众创空间，如创新工场、3W咖啡、中科招商SuperG、云投空间。

在北大工作期间（1999至2007年），董刚并没有遗忘学习。受北大文化氛围，以及求知若渴的因素影响，他在北大经济学院考上了金融学专业的研究生。随着见识的增长，能力的提升，北大似乎装不下董刚的理想。为了实现抱负，2007年董刚离开北大科技园进入天使投资领域。

（2）拥抱天使，义无反顾

宏观环境角度看，董刚亲眼目睹过很多优秀创业企业，因为没有资本的支持，而在早期阶段夭折，2002年他就亲眼看着北大孵化器里一家做银行短信支付的留学人员创办的软件企业夭亡。今天支付已经是所有互联网金融行业的基石了，而当时国内投资于早期项目的投资机构较少，仅有IDG等少数外资，大部分国内基金或创投公司往往都在做二级市场炒股。因此，极大地激发了董刚进入天使行业的热情。

在微观操作时，做孵化器一直很难解决企业早期融资问题。此前，在北大孵化器，1/3是海归创业者，董刚运用已争取到的中关村担保，以个人信用作为背书给这些创业者作为担保，让他们能够拿到100万元创业贷款。董刚发现早期创业项目融资难，是孵化器里的常见现象，是创业企业3M（资金money、市场渠道marketing、创业辅导mentor）需求之首。于是董刚团队创立了后来被教育部肯定的创新企业孵化的北大3M+T（技术转移）模式。

而且，在当时做早期投资孵化的园区，总体缺少做天使投资的理念和实践。2001年，北大科技园刚组建，董刚任北大科技园投资部门经理兼任孵化器的经理，负责创业企业的投资发展。一天，有位在北大科技园资源宾馆四层办公的企业行政副总监找到北大孵化器，希望双方合作，以房租换股权的方式融部分资金。由于北大科技园隶属北大，属于国有性质，而国有机构投项目在那个时代比较忌讳，担心国有资产流失，也看不懂那家企业的核心技术及商业模式，即便当时已经有用房租来换股权的融资方式，科技园上级也没有批准这一计划。所以就不了了之，最后董刚和他的孵化器团队把项目推荐给了当时活跃的创投IDG。这家企业后来成了鼎鼎有名的BAT之一、当年的北大海归李彦宏创办的百度。

第一代做孵化器的人，往往只有做FA（Financial Advisor，财务顾问）的能力，其原因还是缺乏天使投资的赌性和勇气，加上没钱。

不过因为做孵化器的人往往熟悉创业企业的发展情况，也善于帮助企业解决一些创业所需的问题，甚至经常运用资源、人脉、渠道去指导创业企业发展，所以可以得出结论：做孵化器天然就是做天使投资。

虽然IDG（美国国际数据集团）投资百度后，跟北大科技园签了一个战略合作协议，鼓励北大对类似项目跟投，但很遗憾，国有企业的属性让这些机会都流失了。更让人遗憾的是，大概四年以后，百度在中关村西区与中关村不动产商会旗下一家物业经历了类似的一幕。在早期做孵化器的机构主要是国有属性，受制于体制及经验，错失了第一轮互联网浪潮时涌现的大量早期投资机会。而在今天，这样的相对暴利都被基金化的天使投资人敏锐地把握了。当前，几乎所有做创新型孵化器的人，尤其是众创空间盈利模式基本都是天使投资。

（3）甘愿做天使路上的隐形者

在天使投资行业，董刚第一次出手就发现了一块"金子"。2009年，董刚完成了个人第一个天使项目，如今该项目完成了C轮1.5亿元融资，天使轮融资阶段回报几十倍。不过董刚坦言，而后的两个项目一个平平，一个被收购。

第一个项目投资很大程度是基于团队核心能力强，而且是北大校友，所以当初这家企业遇到了几次财务危机，董刚都以个人信用担保拆借了民间资金才得以解决。而后投资的项目其中一个是很细分的生物农药企业，不但花费了很大精力，也无法在行业资源上给企业太多支持。通过这些经历，董刚意识到从事天使投资行业要非常深入企业，同时对行业非常了解，无论是财务上，还是资源或渠道上，得有很多解决方案支持。

2011年，董刚创立了天使机构：合众创投（北京）科技孵化器有限公司。作为创始合伙人，董刚不负责具体管理事宜，只是在投天使项目时，他才会参与决策。董刚在合众创投积累了不少经验和知名度。国内很多高新区、孵化器行业的老朋友都很认可他的人品。2014年，董刚韬光养晦，便加入了在中国做得比较早的股权众筹融资平台——网信金融集团原始会，任董事总经理一职。在原始会任职期间，董刚推动并实践中小企业融资股权众筹，原始会实现300个项目上线及1.8亿元融资，成为中国股权众筹领域最早的一批实践者。

2015年3月，一个偶然的机会，老牌PE机构中科招商要在互联网金融领域布局，邀请董刚加盟。经过深思熟虑后，董刚以创始人的身份加入中科招商，负责搭建一个新的股权众筹融资平台云投汇，董刚因此获得了新的身份——中科招商投资管理集团执行副总裁、云投汇创始人兼CEO。

以互联网股权投融资业务为主的云投汇、以P2P业务为主的云融网、以创业服务为主的创客网以及以天使投资为主的中科乐创等都是中科招商的在互联网创投领域布局的几大组成部分。在中科招商布局里，云投汇属于产业互联网范畴，即互联网VC；在云投汇理念中，是金融＋，而不是互联网＋，不过，这是双向融合的过程。

董刚认为，股权众筹实质是要建立创投生态圈，这一轮的互联网众筹机会一般人很难逆袭，从2015年互联网大机构及金融大佬开始布局股权众筹来看，未来互联网众筹的格局基本为大佬所控制。中科招商作为专业的投资管理机构，拥有海量优质的项目资源、品牌效应，使得云投汇在成立之初就流淌着独特的基因。和其他的股权众筹平台相比，云投汇的优势在于专业的金融团队背景，项目把控能力和风险控制能力更为严格。中科招商为云投汇特设100亿元"云投基金"，并针对优秀的投资人和投资经理推出"明星领投人计划"，董刚希望把云投汇打造成为优秀投资人的互联网募资平台和大众的最佳互联网股权投资平台。

2. 创业者如何寻找适合的VC

针对这个问题曹大容曾在《创业邦》撰文叙述他的见解：2004年回国时，VC投资创业企业仍然处于早期阶段。现如今十多年过去了，投资市场日趋火热，虽然已经没有创业者会召集VC们开个项目竞标会，但新的创业者却仍然会面对如何来选择VC的问题。越是市场火热，早期创业者们其实越需要在选择VC的问题上保持谨慎。相比制作商业计划书时的逻辑缜密，在怎么选择VC这件事上，很多的创业者更多是基于经验乃至直觉的判断，尤其对于初次创业、首次融资的创业者来讲更是如此。

或许，创业者们会想当然地认为现在这个市场上的资金比好的投资机会多得多。但是，当一家VC豪气地准备给你开出支票时，还是务必请保持冷静，并谨慎作出判断。当然，在如何选择VC这件事上，谁都无法给出一个绝对正确的原则，但我们可以从一些角度或者方法入手，去找到适合创业者的VC。

第一，价值观与文化。建议创业者把价值观与文化的适配性放在第一位。理由很简单，选择一家VC就像是选择一个工作伙伴，那么选择合适自己的合作伙伴是一个必然的条件。所以选择VC的核心，就是选择合适的，而这种合适首先就来自价值体系和企业文化的认同。

比如在价值观上他们相信什么？看重什么？追求什么？在组织结构上，是层级分明还是扁平化？决策流程是怎样的？内部每个人是否充满热情且有独立思考的能力？他们相互之间以及与合作伙伴是怎样的关系……这些问题的答案都关系到VC会以什么样的方式来帮助企业成长。

在一家VC机构内部，不同的人扮演着不同的角色，他们有着不同的性格，从业经验也不尽相同，在组织内的影响力也有差别。从初级助理到高级合伙人，你能否得到很好的整体支持，与你一起并肩作战的投资人是否与你志趣相投，这些不同的区别会让你在行事过程中的感受和最终的结果完全不同。所以创业者们在开始了解一家VC时就要考虑这些问题，这对创业企业未来的发展将是决定性的。

第二，与VC的关系。引入一个投资者，就意味着开启了一段长久互助的关系。都说寻找合适的VC就像寻找一段美满的婚姻，现实中，婚姻不幸的例子比比皆是。同样的，创业时，与VC的关系，可能仅次于处理创业合伙人之间的关系。

不妨这样问一问自己，除了投资和被投资的关系，这段关系还剩下什么？当投资进展不顺，需要更多的资金或时间时，关系会不会随之改变？在投资与被投资的关系之外，VC是否愿意做你共同成长的"合伙人"，还是摆出一副大老板的姿态？VC对创业者是以服务的心态在做事，还是仅仅是把创业者当作赚钱的工具？

当一家VC投资你时，有的可能只是简单地将创业企业视作投资组合里的一个项目，乃至就是一场赌博。但反之，也有些VC会愿意像一个导师一样帮助你成长。当你在内心理出上述这些问题，并从一个VC的言谈举止甚至是实际行动中去寻找这些答案时，你就会明白你拥有了一段什么样的投资关系。

第三，VC的专长。所谓术业有专攻，也就是说要选择懂行的VC。这点或许不是首要的，但绝对是最重要的。在消费互联网领域亦是如此，有很多投资者追捧的热点题材，比如移动社交、社交游戏、社交商务、移动平台……各类热词层出不穷。在中国这样一个高速成长的新兴市场，遍地撒网与人海战术似乎正在被一些VC所复制，很多的投资者看重的并不是这些热词背后的市场本身，更多的时候只是在追逐一笔又一笔的热点交易罢了。

但其实，擅长投资B2B的VC不一定适合投资B2C，反之亦然。因为即便在同一个行业，其内部也有着不同的发展路径。比如SaaS、云计算、安全、存储、大数据等，其背后都是不同的商业模式。除了对技术理解及趋势判断外，投资人需要有完全不同的专业能力。

因此，一个VC是否了解这个领域，是否对创业者所做事情的意义有深入的理解，将直接决定这是一次"投资"还是"投机"，而这也从一定层面决定了他们是一个创业企业成长的引领者，还是一个运作资金的交易员。

创业者不妨在琢磨自己商业模式的同时，从投资人过往的项目案例及经验来了解他的专业程度。一家对被投行业理解深入的VC可以为创业者提供更多其行业所在领域的知识与资源，帮助其进行战略性思考，让企业更快地获得成长。

第四，做背景调查。一家负责任的VC，在投资企业之前一定会要求企业提供背景调查名单，并动用自己的渠道去进行调查。一般通过对四五个相关人的调查，就可以让VC对创业者有一个比较清晰的了解。但事实上很少听到有创业者提出要对VC作背景调查。

事实上，在美国投资市场，创业企业对VC进行背景调查是常有的事情，有时候互相多问一些问题，更有助于彼此作出正确的决定。

美国光速投资的一个项目公司CEO在选择光速之前曾对光速的某位合伙人作了很多背景调查，包括通过一些周边的人以及当时基金已投资的一些项目CEO来了解这个合伙人的性格以及对行业的了解程度。很多人经过背景调查后得出的对他的评价是"这个合伙人很懂行，但性格有点暴躁，不过现在已经收敛了很多，是个靠谱的人"。最终这位CEO接受了投资。

　　VC行业相对来说是个门槛较低的行业，只要你有一笔钱愿意冒险，就可以做VC。但中国的投资市场已渡过了初期萌芽的发展阶段，正在向成熟转变，资金的多与少，已不再是让一个VC受到青睐的关键。虽然没有完美的VC，但一定有最适合创业者自己的VC，这也是我希望与创业者分享选择VC要点的原因。毕竟，选择VC就像是企业招聘了一位新员工，但不同之处在于，这位特殊的员工或是团队一旦你选定了，如想中途开除他们恐怕会变得很难。

第三节
众筹与企业创业的传承战略

　　大众创业、万众创新需要金融创新进行风险分散和提供融资服务，股权众筹作为"互联网+"时代的新型融资方式，是金融创新的重要表现形式和资本市场的有机组成部分，也是实现创业创新与社会需求、市场资源有效对接的重要途径[①]。

　　——辜胜阻等《规范发展股权众筹支持创业创新的战略思考》

　　规范发展股权众筹，打造众创、众包、众扶、众筹平台（以下简称"四众"），构建多方协同的创业创新机制，对推进大众创业、万众创新蓬勃发展、落实"十三五"时期创新发展理念和推动供给侧结构性改革具有重要意义[②]。

---

　　① 辜胜阻、杨嵋、庄芹芹、吴华君.规范发展股权众筹支持创业创新的战略思考.经济纵横2016（7），7–12.

　　② 唐瑞.当代大学生就业创业意识的现状及对策.中国培训2017（2），227.

1. 打造新型众创空间

2016年7月6日，北大创业众筹与优客工场达成首次战略合作协议。此次优客工场和北大创业众筹的合作，不仅计划实现资源的全面对接，而且共同落地了一个社区——北大创业·优客工场。

"北大创业众筹"依托燕园创投、天风证券等联合股东的120余亿元直投资金，和连接近400家优质投资机构的FA服务，已经形成了独树一帜的科技成果转化与创业企业孵化服务平台。在连续走访了美国、以色列的多家著名孵化器、加速器之后，优客工场意识到依托大学机构、科研力量来帮助校友创业的重要性。

这次合作将集科技成果转化、企业孵化孵育辅导、创业金融服务于一体，成为北大师生校友创新创业过程中，服务、互助与连接各类社会资源的重要阵地。北大众筹的多方资源也成为优客工场入驻企业的发展助力，这次合作是众创空间资源化发展的有益探索。

"北大创业众筹"同时拥有"北大创业"和"北大众筹"两块品牌，由北京大学科技开发部、燕园创投、天风证券共同发起，是国内高校建设创新创业服务平台的开拓性探索，集科技成果转化、企业孵化辅导、创业金融服务于一体，成为北大师生校友创新创业过程中，服务、互助与连接各类社会资源的重要阵地。

创业是一群有理想的人借用新技术，运用新模式，尝试做一件改变人们生活方式的事儿，创造社会价值。而我们就是要做一名资本服务创业者。

2. 创业生态圈孵化成股权众筹战略高地

目前，国内股权众筹平台大多还处于战略布局阶段，巨头平台从自身优势出发，通过整合资源，以期实现平台价值的对外输出。从目前上线的巨头平台来看，他们手中掌握着行业内最集中的资源，加上资金实力雄厚，能够实现最高效的组合和配置，随着各自创业生态圈的建立，实现平台的价值升级。

百度新上线的私募股权投融资平台——百度百众举行了首个项目"闪电刷新"的微信路演。百度百众方面表示，项目募集开始时募集金额为600万元。该项目标志着百度正式杀入股权众筹领域。业内人士分析，互联网企业纷纷布局股权众筹市场，是基于生态战略和长期价值论的考虑，未来股权众筹的发展空间蔚为可观。

股权众筹能够在国内迅速发展起来，主要有以下几个原因。第一，"双创"经济环境下，中小企业创业热情高涨，股权众筹有别于传统融资模式，能够更加直接地满足创业的融资需求。第二，传统的投融资模式不能有效覆盖企业成长周期，往往止步于解决中小企业的资金需求，而不能以平台为依托，提供人才、渠道、管理等多方面的支持。第三，股权众筹借助互联网打破了渠道限制，弥补了国内资本市场对底层资本市场培育的缺失，消除了投融资信息的不对称，给创业项目融资提供了更多机会。

大平台涉足股权众筹，更多地是希望集聚更多的高净值投资人和创新创业项目，大平台往往更追求长期价值和商业模式的良性循环。因此，股权众筹平台想要做大做强，培育自己的创业生态圈，延伸创业服务链条，帮助创业企业成长才是真正的战略高地，股权众筹也就顺势成为创业企业进入资本市场的一个重要入口。另一方面，从投资者来说，有专业的领投人和投后团队帮助跟投人进行投资判断和管理，可以实现优化投资并分散投资风险。

另外，股权众筹还有一个重要特点，那就是成熟的股权众筹平台必须有完善的项目退出机制，相比于传统的风险融资，投资人更看中投资的流动性，投资者期待可以通过退出获得收益[①]。目前各大平台的退出机制不尽相同，一般不外乎并购、回购、新一轮融资和上市等形式。业内专家认为，创新退出方式、缩短投资周期，能够提高行业的流动性，盘活整个私募股权融资市场的资金。

创业生态圈的孵化模式是未来股权众筹的主流，股权众筹平台对创业项目全周期的支持，能够极大地提高项目孵化的成功率，激发社会创新创业的活力和投资者的投资热情，使得社会资金高频、快速地流动起来，推动传统经济转型发展。而对于小的股权众筹平台，垂直化的细分行业也是一块大蛋糕，从专业化的角度去切入，市场空间同样可观。

3. 北大创业众筹与蚂蚁财富的战略合作

2016年6月15日，中关村创业投资和股权投资基金协会副秘书

---

① 曹欣.股权众筹平台的商业模式研究——以"京东东家"为例.浙江大学博士论文.2016.

长、北大创业众筹副总经理吕广东与蚂蚁财富（北京）资产管理有限公司总裁向中帅达成了战略合作协议，建立了面向未来的全面战略合作伙伴关系。

随着客户需求的转变，企业也在逐渐完善自身差异化定位的打造，而跨界合作便成了诸多企业的重点。此次与蚂蚁财富的战略合作本着长期稳定、互利共赢、和谐发展的原则，双方将互换资源、互相推广，实现共赢发展。另外，蚂蚁财富（北京）资产管理有限公司受邀加入中关村创业投资和股权投资基金协会，将会在市场推广、商务合作、沟通渠道行业研究等领域得到更专业的帮助。

北大创业众筹孵化器项目，由北京大学科技开发部发起，是中关村首批认定的互联网硬件孵化器之一。2015年12月，北大创业众筹孵化器项目获得天风证券1 000万元A轮投资，其前景不可限量。这一孵化器平台的设立为早期创业者提供一站式创业服务。此项目拥有总规模10亿元的四只自主管理基金，直投互联网、智能硬件、大健康、文化创意等领域，联合北大科技金融合作联盟100亿元资金池进行合投并且可以在平台进行股权众筹。

中关村创业投资和股权投资基金协会，成立于2012年并于2014年被民政局评为北京市4A级社会组织。中关村创业投资和股权投资基金协会汇集了多家国内知名创业投资、股权投资机构及金融机构，超过60%的会员为中关村示范区内企业，是中关村最具代表性的行业协会之一，为中关村科技金融建设起到了重要的推进作用。在投资机构的推动下，中关村高新技术企业的融资、上市已遥遥领先于全国其他地区。

蚂蚁财富（北京）资产管理有限公司，成立于2016年3月，注册资本2亿元，其业务范围包括：pre-ipo、上市企业定增、FOF基金等。

通过此次战略合作，使得蚂蚁财富更加丰富了其优质项目的储备，增加了投资产品的多元性与多样性，并参与到政府扶持与指引的优质项目中，更加高效提高了其内部资本的运作能力、稳定地降低了其客户的投资风险。这些正是基于资源共享、优势互补、互惠互利的考虑。创新决定方向，我们不应拘于当前的模式，可以通过异业合作等创新形式，力求在发展道路上不断追逐全方位的服务方式。

4. 财猫众筹与国家"创新创业"战略

互联网金融要响应国家的创新和创业的双创战略，而财猫网正是响应了国家"创新创业"的战略。

财猫众筹平台是互联网理财平台财猫网推出的一创新模式股权众筹平台，财猫股权众筹平台是国内第一家保底收益的股权众筹平台，100%帮助投资人保本保息，并且在按份数进行申购时，增加了二级市场退出机制，份额灵活管理，可实现灵活的退出机制。财猫股权众筹平台是一家真正面向大众的众筹平台，因为它突破了传统众筹平台最大的一个局限，传统股权众筹平台对投资人的投资是不做任何的征信服务的，不做担保，风险自行担保。而财猫股权众筹平台对投资人的投资做担保，百分之百保本保息，这就让投资人没有了后顾之忧。

5. 京东众筹与100亿元市值的创业企业

在第二届亚洲消费电子展上，京东众创众筹事业部总经理高洪偲将京东众创生态圈最新的"百十一"计划对外公布。未来京东众创生态圈将投资100家创业企业，扶持、打造10家市值达到10亿元级人民币的创业企业，成就一家市值达到100亿元人民币的创业企业。

现阶段，越来越多的众筹平台已经开始从单纯的筹资和信息中介平台，向众创生态圈的构建者身份加速转化。包括京东、阿里、苏宁、小米等互联网、电商巨头在内的综合性平台，众创生态圈的构建已经初具规模。京东除了电商之外，逐渐将目光投向以京东金融业务为基础搭建的众创生态圈。随着众筹与众创生态的结合也日渐深入，京东逐渐摸索出更加高效的以众筹驱动的创业孵化模式。

（1）众创生态圈构建精准创业服务

目前，京东已经构建起了较为完善的众创生态圈。具体来说，京东众创生态圈将利用电商业务获取的消费大数据和个人信息数据整合资源和能力，为京东众创生态圈中的创业企业提供京东用户的消费行为分析报告，有针对性地指导企业快速向下一阶段发展，并能够帮助创业企业更好地制定战略方向；待创业企业生产出初代产品之后，将为其对接京东产品众筹、股权众筹平台，通过京东众筹实现产品与用户的第一步连接，接受市场的检验，而其中，产品众筹与股权众筹又能相互打通，这能够将项目融资和产品研发设计、预售环节打通，并形成乘数效应；在创业企业进入量产阶段后，可为其对接京东体系内的各种优质资源，帮助创业企业快速成长，最明显的特征是能够直接上线京东电商出售产品。

当创业企业进入成熟期，京东金融将为其提供一站式金融解决方案，让创业企业为用户与社会带去更多价值。究其核心，实际上是以众筹为核心驱动，将京东电商平台的大数据和消费者研究与产品设计、市场验证、量产、销售以及扩大再生产充分结合，为创业项目提高融资服务的同时，验证市场，并实现企业的快速成长。

这样一来，可以看到创业服务体系的构建已经出现了一种新的变化：将过去提供无差别的创业服务，提炼到更加精确的定制化的程度，由此或将开启精准创业服务。

所谓的精准，核心是依托于京东电商平台积累 1.69 亿元高净值用户及其大数据消费行为，将这些数据信息与京东众筹打通，可以更加清楚哪些项目容易受用户关注、哪些项目的存活率高、哪些项目有更大的市场前景，这一方面能够极大地提升京东众创生态圈的投资孵化能力，另一方面则能够为创业项目提供最重要的市场信息和创业指导。

可以说，在这种模式下孵化的创业项目，其成功率将显著提升，而企业也将在数据指导下调整策略，为后期发展成高市值的优质企业提供可能性，为"百十一"的目标的实现提供重要的基础。

（2）京东模式与阿里、小米模式的差异

阿里、小米、36Kr 都在做众创生态。但是我们可以看到各家之间的一些差异。阿里的众筹事业是分散经营的。在产品众筹方面，淘宝众筹归于淘宝旗下。而股权众筹方面，股权众筹平台蚂蚁达客则划归在蚂蚁金服旗下，另外还有战略入股的私募股权融资平台36Kr，则是独立经营。从整体上看，阿里以众筹业务为依托的众创生态系统呈现出分散布局的局面，目前还没有完全打通并整合起来，这对于创业项目的孵化将产生一定的阻力，因此仍需要进一步整合。

小米的创业生态链则呈现出高度垂直的态势。据悉，小米生态链所涉及的产品线，可简单地划分为手机周边、智能可穿戴设备、智能化的传统白电、极客酷玩类产品和生活方式类五大品类。这实际上都是符合小米本身调性的创业项目品类。

其实，小米此前也喊出过"投资100家"的口号。尽管雷军当初公布要以硬件为焦点投资100家生态链公司，历经两年，小米投资了55家硬件公司，投出4家独角兽。但是小米生态链负责人公开表示小米生态链的投资速度已经开始放缓，未来所投生态链公司总数将低于100家。这其实很大程度上是因为小米孵化品类的局限以及没有彻底打通金融、生产、消费，形成闭环，因此给创业生态链构建后对创业项目的服务增加了成本和难度。

相较之下，京东打通电商、金融、众筹，构建起闭环式的众创生态，能够通过消费大数据为不同创业项目提供精准服务，同时又能通过大数据连接的创业各个环节，批量化地服务于更多创业项目，成本更低，效率更高。

第八章　溢　出

第一节
技术众包，传统行业的春天

> 我们总爱高估新技术的短期价值而低估它的长期价值，然而，有些重大的事情确实因改变而发生了，意味着我们已经跨过了困难的临界点。
>
> ——凯文·凯利（KK）

工业是立国之本、强国之基。习近平总书记2015年在吉林考察调研时指出，中国梦具体到工业战线就是加快推进新型工业化，特别是要把制造业搞上去，创新驱动发展是核心。2017年在广西考察时指出，一个国家一定要有正确的战略选择，我国是个大国，必须发展实体经济，不断推进工业现代化、提高制造业水平，不能脱实向虚。"转型"一直是这几年传统行业的热词之一。然而现状是，对于传统实体国民经济来说，行业运营环境每况愈下，仅从制造行业吸纳融资的情况来看，2015到2016年的两年同比增长下降了15个百分点。而从企业利润收入来看，同比增长从2015年的14.2%骤降到2016年的3.8%，累计下降超过10个百分点。尽管2017年上半年制造业形势回暖，但9月中国财新制造业采购经理指数（PMI）明显回落，而国家统计局公布的官方制造业PMI却大幅上涨，达到2012年5月以来的最高点。

1. 重压之下，传统制造业何去何从？

当手机扫码支付、网络购物、APP约车、在线学习等成为生活日常，没有人会怀疑"数字经济"的颠覆式力量。生活方式已经被潜移默化地改变，而生产方式的变革则将"伤筋动骨"，并牵动着大多数传统产业的未来。目前，以数字化智能制造为代表的工业4.0正在攻破传统制造业的城墙，对产业链的每个环节，研发、供应链、工厂运营、营销、销售、服务等，释放着巨大的价值。老字号沈阳机床已踏上了"智能制造"的快车道，GE也提出"能源行业的数字化变革，将是未来十年间我们所能见到的最大变革"。而传统产业领域，数字化程度还极度落后，即使长期回报显著投入也明显不足，科技水平仅高于农业位居倒数第二。云计算、大数据、物联网、移动互联网、人工智能、BIM、VR、AR、区块链、数字孪生、3D打印等数字技术冲击下，传统产业亟待用科技改变。其出路何在？答案是：技术众包是驱动化工业变革的主导力量，是推动传统行业与信息化融合的关键。

通过建立科研技术众包网络平台，打造一个聚合企业、高校、科研机构、社会组织以及个体的五方协作的大平台，各类创新主体

相互促进，民间草根与科技精英同台竞技，线上与线下良好互动，促进多学科的交叉融合和成果共享，让更多人各自发挥优势和专长，解决科技难题，依托互联网的众创、众包、众扶、众筹等科研新模式，会大大拓展科技创新空间，大幅度增加科技创新主体。当企业遇到技术研发疑难瓶颈时，可通过科研技术众包平台得到相关科研领域的专家响应，成功解决企业解决当下碰到的技术难题，同时也为产品创新研发提供参照，从而不断提升自身的产品竞争力，让研发者和企业本身受益无穷。企业与研发机构等通过科研技术众包平台将原本在组织内部难以开展的部分设计、研发任务，分发和交付网络中的大众，通过悬赏竞标等方式获取最佳解决方案，可以降低成本、缩短研发时间、提高质量；在科研技术众包平台和科技社群上广泛征集用户创意，可以开拓产品研发的思路、促进产品规划与

市场需求的对接，使得万众创新、大众创业能在同一个平台上实现。

2. 转型要"长""慢""快"

传统行业未来的前景，用一句话来自我勉励：转型要"长""慢""快"。"稍微长一点"指的是做企业要看得长远一点，"耐心一点"是企业需要把目光放远，周密规划；"慢慢来"不是说放慢速度和效率，而是打下扎实基础；"反倒比较快"指的是企业夯实基础后必将迸发厚积薄发的动力。有条不紊慢慢来，反倒比较快。"慢慢来"不是要放慢速度和效率，而是夯实产品根基。"反倒比较快"指的是有了稳固的实力基础后必将迸发出厚积薄发的动力。转型走得太快，迟早要还的。转型其实就是投石问路，不断试错，技术众包模式也是众多问路石子中的其中一块，只是它成功了，仅此而已。因为做产业这行心里都清楚，共同面对的技术难题总有被解决的一天，谁能更早地做到，谁就是赢家。更为重要的是，技术众包这条路子是可复制沿用的，它的成效为今后企业运作提供了重要的参照。通过高效的科技众包，为传统行业产品研发注入互联网的附加值，为传统企业转型提供不可或缺的技术驰援。

3. 外包与众包的比较成本

外包：是将项目承包给软件外包公司，由外包公司的程序员进行开发。众包：指一个公司、机构或个人把过去由员工执行的工作任务，以自由自愿的形式外包给非特定的（而且通常是大型的）大众网络的做法模式①。众包的任务通常是由个人来承担，但如果涉及需要多人协作完成的任务，也有可能以依靠开源的个体生产的形式出现。

从成本来看，外包往往是一对一的关系，而众包是一对多的关系，外包公司需要承担固定成本如办公室租金、水电、装修；人员成本如HR、财务、程序员、销售；弹性成本如市场费用……外包公司不可能每个月的项目需求都与它的开发人员数目匹配，也就是说一部分时间开发人员是多于项目需求，但外包公司为了在项目量多的时候不会人手不足也会一直养着这些程序员，那么这就有了仓储成本。

对于众包，由众包平台来连接需求方和开发者，去外包公司化，省去了这样一层成本，故而众包往往比外包经济实惠。众包的本质就是共享经济的模式进入软件开发领域，将闲散的开发力量集中起来完成软件开发项目。

开发者储备。每个开发者有自己的专长，如果有类似项目经历那么开发起来就会事半功倍。外包公司接的活一般五花八门，可能有的公司接的O2O比较多，有的公司更擅长企业门户网站开发，在选择的时候可能你选外包公司甲会比选外包公司乙效率更高，但是在选择之前你是无从得知的。那么在众包的时候，平台是会让开发者提交非常详细的简历和项目经历，优先选择有相关项目经历的人

---

① 刘成.众包模式虚拟人力资源在企业的运用.交通企业管理2013，28（10），50–51.

来进行开发。在众包平台上，可以有几千上万名开发者供你挑选。

信息透明度。外包公司信息不透明非常严重，第一个体现就是报价差异巨大，劣币驱逐良币。一个项目给多个外包公司评估报价，有说30万元的，也有说3万元的。外包公司良莠不齐，价格战非常严重，有的外包公司甚至以低价竞标之后不进行开发，骗取定金。当然这个问题在许多众包平台也没有得到解决。现阶段普遍模式有竞标、邀标、悬赏、指派、股权模式等。

外包公司信息不透明之第二体现，是在软件开发过程，外包公司的模式一般是销售与客户进行对接，销售再去问公司内项目经理项目进度如何，因为项目开发过程是在外包公司内部进行，项目方无法实时跟进和监督开发进度。另外，由于开发人手不足，常常会发生项目由于开发资源不够被延期的问题，此时外包公司与旗下开发者是利益共同体，不会劳心费神为你去推进项目。目前，部分问题会造成外包公司烂尾率达30%，这也是众包平台想要解决的核心问题之一。

第二节
众筹与创业动机

　　改善创业环境的政策只能增加创业机会，只有提高创业能力的政策才能帮助人们把握创业机会[①]。

　　　　　　——尹志超等《金融知识、创业决策和创业动机》

　　金融知识反映的是人们在使用和管理资金（资源）的时候运用知识和技能作出合理、有效决策的能力，包含多方面的能力如计算能力、创业资金的管理能力、对创业项目当前行业技术水平及行业标准的理解能力等[②]。因此，金融知识将会从多方面影响创业行为。

1. 从Indiegogo学到什么?

　　大家都知道"Indiegogo Lab"的活动——邀请创业者讨论如何

[①] 尹志超、宋全云、吴雨、彭嫦燕.金融知识、创业决策和创业动机.管理世界2015（1），87-98.

[②] 肖经建.美国消费者金融教育对中国的启示.清华金融评论2017（6），39-41.

善于使用众筹网站。在这场活动中人们最关心的是为什么在美国有不少项目可以一夜之间在众筹网站上成为明星，而目前国内也有不少众筹网站，但却很少听到类似的故事？从Kickstarter和Indiegogo这两个网站，中国众筹创业者能学到什么？

当然，文化差异是一个不能忽视的问题。在美国，JOBS法案签署后，众筹的模式受到了法律保护。同时，人人都可以当天使是一种向未来投资的模式，在众筹网站服务规则完善的前提下，投资回报机制符合契约精神。而在中国，一方面是信任感阻碍了人们对众筹项目参与的热情，另一方面，在中国，人们参与众筹的动机中，"逐利"的成分似乎比"投资"要大，参与者和发起者很难对其形成有效的互助。

就Kickstarter和Indiegogo相比，前者对项目的筛选和服务规则更加严格，例如只针对美国本土的项目，融资金额限制等。后者则主打开放和灵活，用Indiegogo自己工作人员的话说，就是"我们欢迎来自全世界的各种创业项目"。而在Kickstarter上融资，Kickstarter的限制其实对增加用户的黏性有帮助，"在Kickstarter上融资反而是比较容易的"。

Indiegogo每个月都会举办辅导创业者使用Indiegogo的活动。在每次活动中，Indiegogo的客户关系负责人、产品负责人先讲述如何在Indiegogo上做一场好的活动，例如设置目标，一定要拍视频，及时回复用户。随后在场的创业者被分成三组——硬件、软件、本地小商户或服务，由Indiegogo的工作人员分别回答他们的问题。

　　这是Indiegogo吸引更多人到他们平台上来的方法，同时你也能看出，Indiegogo关心他们的创业者。有不少硬件创业者在众筹网站上融资成功，大家总是把众筹和硬件联系在一起，Indiegogo的工作人员想告诉所有创业者，众筹网站不是只有硬件，还有别的。这么做的最终目的是让Indiegogo上出现更多好项目，他们与众筹网站是互相依存的关系。

　　Kickstarter能被称为众筹网站的代名词，最重要的是在Kickstarter上出过不少好项目，例如Pebble、Ouya等，而Indiegogo的做法其实也值得学习——由专门成立的客户服务部门总结过去成功的项目，让想在这里融资的人先"学会使用众筹网站"。

　　最后，Kickstarter和Indiegogo都和硅谷的孵化器有合作。例如PingWest曾经报道过的硬件孵化器Lemnos Lab就和Indiegogo是合作关系，Lemnos Lab关注早期硬件创业公司，会看Indiegogo的项目，同时在Lemnos Lab毕业的创业公司也可以在Indiegogo上融资，当然他们也可以选择Kickstarter，双方都会对创业者提供一些推荐或优惠的条件。对早期创业者来说，孵化器其实是个不错的出口。

　　在硅谷已经有不少垂直众筹网站开始学习这两个网站的经验了，特别是为艺术家筹款的Patreon和医疗众筹平台Wasti。Patreon的创始人Sameul Yam就曾经在接受PingWest的采访中说，Patreon对筹款的数额最少可以只付1美元，支持者支付的资金越多，艺术家要给的回馈就越多；另外，还有付款步骤的限制，即按月结算，支持者可以反悔，这是针对人们在Kickstarter上融资时会担心地问题——资金安全和确保回报。

2. 把网店开到美国

据《长沙晚报》报道："80后"长沙青年创立的电子品牌Anker
就"插上翅膀飞过海洋"，赢得美、英、法、德、意等国众多粉丝。
他，就是湖南海翼电子商务有限公司CEO阳萌。

阳萌是长沙人，1999年他以优异的成绩考入北京大学计算机
系，2003年留学美国，2006年进入谷歌公司，成为一名搜索引擎高
级工程师，还获得过谷歌最高奖"Founder's Award"，年薪近200万
元人民币。然而，2011年7月，阳萌却放弃稳定、体面、高薪的工
作，回国创业，一切从零开始。

阳荫说："国外的货架上都是国外的品牌，中国制造被打上低
端、廉价的标签。把中国好产品介绍给外国人，是我创业的动机。
我在海外待过，了解海外的消费习惯，如果设计有特色、消费体验
领先、物美价廉的中国制造品，直接面向欧美消费者，商机巨大。"

外贸传统模式无论是线上还是线下，大多是B2B（面向国外采
购商），产品的大部分利润被国外采购商、经销商拿走。如何缩短销
售链条？阳萌选择把网店开到美国购物平台亚马逊和eBay上，砍掉
中间环节直接把货卖给欧美消费者。而且，商品的缺点很快就能反
馈到生产环节，改进速度大大提高。2011年10月，阳萌回到长沙，
成立了湖南海翼电子商务有限公司，全球注册了品牌"Anker"。他
与美国一家公司合作，依靠美国的仓储中心、物流网络，欧美消费

者拍下一件Anker的产品，1至3天就能收到货品。

在亚马逊网站上，搜索"Anker"很容易找到海翼电商的产品。商品主要是消费类电子产品，包括笔记本电脑充电器、充电电池、键盘、鼠标等。一款Anker的笔记本电脑电池售价约为30美元，而戴尔的类似产品售价要80—100美元。此外，加上快捷的物流和本地化的售后服务，让Anker的销售直线上升，2012年收获了1亿元人民币的订单，消费者遍布美、英、法、德、意、西班牙等国，且净利润超过了2%—3%的行业平均数。

事实上，外贸电商在国外购物平台上开店，在沿海城市并不稀奇，但是像阳萌一样注册品牌的很少。在亚马逊上开网店，早期更多地考验语言能力和对国外网站、国外法律的了解等，但是要做大做长远，必须有好的产品和让人信赖的品牌，这才是关键。因此，海翼将大部分利润投入到产品研发上，上海、深圳都设有研发基地。

与国内的淘宝不同，亚马逊和eBay上没有售前服务，也就是省去了"购买前与店小二讨价还价的过程"。看中了就下单，类似国内京东的模式。目前海翼长沙总部的70多人平均年龄26岁左右，负责产品采购、售后服务、营销、运营。海翼的5名核心团队成员中4名曾供职谷歌。总裁赵东平曾任Google（中国）在线销售与运营总经理，高级副总裁高韬曾是Google（中国）商业客户解决方案部总监等。

因为物流和货源的原因，海翼的产品产地在珠三角，而且通过深圳口岸出口。国内产品3C、服装、珠宝类等比较受国外电商平台欢迎，而长沙出口产品现在适合通过电商渠道出口的比较少。电商＋外贸的形式将有利于长沙乃至湖南产业结构的调整和升级。海翼成了国内产品"借船出海"的众包平台。

3. 京东众筹下创业动机的运用

创业9年后，钱进决定卖掉他的第一个产品——导航犬，这个中国最早的在线导航项目，却因种种原因没有成功。钱进没有气馁，决定再次创业，这次他圈定了行车记录仪。做这个项目有几点考虑：一是中国的机动车保有量越来越大，截至2015年1月，公安部交通局公布的全国数据为2.64亿辆；二是在碰瓷这样的场景中，行车记录仪的实时视频素材可以作为证据；三是驾驶者在行车途中无法拍照，而行车记录仪可以随时抓拍沿途高质量的风景照。

2015年，当这款名叫极路客的行车记录仪在产品和产能上做好准备时，钱进却对如何卖出去犯了愁。与京东众筹合作也是想找一个好的销售渠道，但出乎意料的是，第一天就筹到了100多万元。让他印象深刻的是，上线前，京东方面与他一起梳理产品卖点、创始人卖点。钱进透露，像接受媒体采访这样的事，都是与京东合作的"副产品"，这在他第一次创业时，需要自己组建团队或者向第三方公关机构求助。如今，极路客行车记录仪京东平台上的同品类销量为第一。

京东众筹事业部总经理高洪偲认为，正是有了项目筛选步骤，让京东众筹开始区别于他早先模仿的对象——Kickstarter，这家被视为世界上产品众筹"鼻祖"的网站于2014年年中推行更为宽松的众筹方式：不审查就可以上线，在15个类别中，包括艺术、漫画、工艺品、舞蹈……产品五花八门，甚至有人自己家种的番茄都可以通过Kickstarter进行众筹。

2014年7月，京东的产品众筹上线，2015年3月，股权众筹上线，这时的京东众筹已初步形成"产品+股权"的混合模式。2016年2月，来自零壹财经的数据显示：整个2015年，中国的产品众筹累计筹款金额达到30.7亿元。其中，2015年筹款金额高达27亿元，是2014年（2.7亿元）的10倍，京东众筹、淘宝众筹和苏宁众筹稳居第一梯队，筹款金额均在亿元级别。

2015年，中国股权众筹筹款金额在45亿元左右。其中，京东私募股权众筹自2015年3月上线以来，为70多个项目提供超过7亿元融资，在股权众筹领域占据行业龙头地位。2016年1月16日，刘强东在京东年会上宣布京东金融获得66.5亿元的融资，估值达到466.5亿元人民币，而在京东金融的产品矩阵中，京东众筹被视为"明星产品"，行业数据上的强劲表现被投资人看好。是什么让京东众筹在一年多的时间内迅速成为众筹领域的"领头羊"？

（1）重新定义众筹

众筹，译自英语crowdfunding，指大众融资或筹资，互联网有开放、长尾的特性，将某个项目的资金需求、股权需求发布到网络平台，进而从大量互联网用户那里筹到资金①。京东之所以要做众筹，是因为发现了在消费升级背景下诞生的创业公司越来越多。

约2014年起，越来越多的创新型公司与京东众筹谈合作，例如，人体电子秤领域有人已经在做体脂秤，其理念基于减肥不是减体重，而是做好脂肪的精准测量以达到控制的目的；戴在脖子上的空气净化器，其原理是用静电吸附技术，在脸部形成屏障，隔离雾霾等。这些创新型产品的大量涌现，表明中国正处于消费升级中，越来越多有购买能力的中产阶级的崛起，个性化的需求出现，同时，电子消费品从耐用品变成高频的消费品，比如手机。

随着这类创业者越来越多，京东很快发现一个规律：这些创业企业有很强的技术和做产品的能力，但存在缺少应对C端的经验、产品营销能力、品牌能力甚至缺少资金等这样的短板，让一个个创业项目不得不从零起步，重复试错。但是，这些创业者所欠缺的，正是京东平台所具备的优势，对创业企业的优势互补是京东众筹上线的动机之一。

彼时，大洋彼岸的产品众筹网站Kickstarter正发展得如火如荼，京东的产品众筹上线后，最初被认为是中国版的Kickstarter，但不久后，分化出现了，京东众筹的发展结合了这三点：一是它依托京东的电商基因，有天然的销售渠道、目标用户以及流量优势；二是对于入驻众筹项目的严格审核，做到宽进窄出，其上的项目成功

①　邓建鹏.互联网金融时代众筹模式的法律风险分析.江苏行政学院学报2014（3），115–121.

率达到90%以上，而Kickstarter由于不对项目做审核，其成功率在60%；三是在京东众筹上有一种思路，通过构造生态区众创生态圈去扶持有希望的创业项目，引入工业设计、品牌服务等创业公司，让众筹项目进行免费对接，做创业培训，创业者取得快速成长的同时，京东众筹最终盈利能够得到最大价值的体现，产品众筹成功后，京东平台会抽取3%的服务费，股权众筹的获利则比较灵活。

国内的众筹在近两年发展迅速，在模式上跟进国外的同时，每家都在琢磨自己的产品形态或商业模式，或者未来的发展方向。京东整合自有平台上的各种资源优势，正在形成自己的众筹模式，这或将重新丰富众筹的内涵。

（2）为创业公司构建生态圈

2015年年初，中国众筹平台上的数量为168家，2015年年底为365家，期间有84家众筹平台或者转型、倒闭和停运，也就是在整体数量增长的同时，整个行业约有23%的企业出局。在2015年的众筹领域，许多众筹平台到最后"退化"为预售平台，尤其是在针对一些农产品的众筹项目，高洪偲认为，预售只是众筹的一部分，众筹不仅是帮创业者获取资金，更重要的是能为项目的成长提供资源的支撑。据统计，在整个2015年，京东众筹平台上获得成长较快的创业项目有：沙米、三川二莲、8H床垫等。

谈及8H床垫，传统床垫的材质不外乎是海绵、弹簧、棕榈，而8H这个床垫的设计换了一个切入点：一个床垫被分为6层，用户可以根据自己的身高、体重进行局部拆解组合，以满足个性化需求。

这意味着，床垫过去是一种标品，在这样的拆分组合中，变成了个性化的产品，对于颈椎、腰椎的病患来说，标品床垫无法做到个性化的局部硬、局部软的设计。于是，2015年夏天，8H床垫的创始人李勇被邀请到京东，他的创业迅速得到了京东方面的肯定。

项目、人和团队是京东众筹招商团队看项目的重要维度，这种类似于投资人看项目的方式，在京东众筹那里有它的逻辑：一个要创业的人，产品考察是第一步，一些参与众筹的项目甚至连天使轮都没有，当然没有什么财务报表看，所以对于人、团队和产品的判断很重要。

当京东金融自己决定用"雏鹰计划"以资源投资的形式投资了李勇的床垫的时候，这个床垫其实只有产品，至于后来为什么要叫"8H"，则是由熊猫传媒为其做策划和进行自媒体传播。2015年8月，8H床垫上线京东众筹平台，此时它的slogan为：美好的一天从睡眠开始！这句话是李勇、京东众筹和熊猫传媒三方碰撞出来的。上线一个月后，8H床垫众筹了600万元人民币。

众筹上线期间，8H获得了最好的展位以及流量引导，线下，在熊猫传媒以及京东众筹的帮助下，8H床垫做过一系列的市场活动，例如在房车上向上班族推荐这个产品，旨在将好床垫打造好睡眠这样的理念传达给用户。目前，在京东的众筹生态圈中，有工业设计方洛可可、品牌自媒体传播机构熊猫传媒、创业孵化器太火鸟等，它们同为创业公司，在京东众筹平台上能够迅速匹配到自己的客户。除了产品众筹收取筹集资金3%的服务费外，其他对接的服务都是免费。

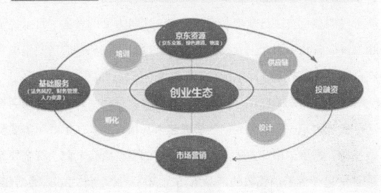

（3）宽进窄出的风控

在整个2015年，在约24%的众筹平台出局的同时，像京东、淘宝和苏宁这样具备电商基因的众筹项目获得长足的进步，有数据报告显示，京东众筹、淘宝众筹和苏宁众筹占据总体市场份额的87.68%，正成为中国产品众筹领域的三股力量，呈现三足鼎立之势。

而这三家都同时具备电商基因，国内一些最先起势的众筹平台，后期受困于流量成本而难以为继，但流量对于这样的电商平台而言，则是酝酿了多年而产生的优势，因此，从这个角度来说，众筹正成为电商平台流量变现的方式之一。此外，电商平台上沉淀了大量的用户，以京东为例，有近1亿的注册用户数，这些用户既是潜在消费者，也分化出一些年收入在30万元以上的高净值用户，有资格参与到京东的股权众筹。而京东众筹之所以能取得90%以上的成功率，大致取决于以下三个因素：

一是对于项目的严格审核。京东众筹有专门的招商部门，对于要上线的项目会进行从产品到创始人、团队方面的考察，可以说是用一种做创投的眼光去发现有潜力的好项目，在项目的考察上聚焦在创业以及创新项目，寻找的是行业内的标杆产品。

二是京东众筹在项目发布完成后，筹款过程中，京东方面会有一个托管账户，将众筹到的钱管理起来，项目如果在生产中需要资金扶持，需申请审核，才会发放其急需的生产资金，剩余资金要等项目发起者对于消费者的产品承诺完成后，才能得到最后的结账。通常而言，一个众筹项目的期限控制在30天以内，如遇到春节长假这样的特殊情况，在用户参与时会提前告知。

三是在创业过程中，有很多突发因素，引起项目的失败，京东众筹的平台上，引入了保险产品，这个保险产品能够在一定程度上减少投资人的损失。

无论是产品众筹还是股权众筹，都是有风险的，京东要做的，就是在这种层层把关的反漏斗设计中，减少风险发生的可能性，提高项目的成功率。①

4. 颠覆性创业背后的思维

2014年春节前后，微信除了红包满天飞以外，朋友圈也被几条

---

① 此文来自《商业价值》2016年第3期（原文，略有删节），作者为郭娟。

很有意思的文章反复刷屏，那是关于众筹与颠覆性创业的话题。对此，作者释卿在创业邦网站做了以下分析。

（1）微信筹学费上中欧

1月19日，黄太吉创始人郝畅率先在微信朋友圈，发表了题为《就用互联网思维大闹中欧》的文章，随后90后辣女马佳佳、91助手开发者熊俊、易淘食的张洋、雕爷牛腩的孟醒等先锋创业者们也纷纷发文为自己上中欧创业营集资募款。直至2月10日凌晨，有米传媒陈第仅用短短三小时就成功募款11.8万元，彻底引爆移动创业圈、手游圈对中欧创业营的关注，也引起大家对微信众筹这一做法的讨论。翻开这些文章，其内容或诚恳或幽默、或激情或理性，但殊途同归地都指向一个目的：筹够11.8万元的中欧学费。

有意思的是要参加中欧课程的这帮人并非没钱交学费，恰恰相反——他们大多是时下中国最"牛"的创业者，代表着中国最新一代的创业中坚力量。原来，"以互联网思维上学"，是中欧创业营创始人李善友教授、酷6网创始人，为学员进入中欧创业营设下的第一道考验。

（2）众筹潮流意味着什么

众筹机制无论是从发起者还是投资者的角度去考量，它都是一个比传统的风险投资效率更高的方式。投资人能在最短时间内获得资本升值，而发起者能用最灵活的方式去应对资金流的问题。在法律准许的条件下，这种创新方式，更利于促进零启动资金项目的首次创业。

从2014年年初的这一场跨域极广的连锁众筹案例，我们应该对众筹在中国的发展持乐观的态度。一旦普遍大众逐渐认同了这种投资手段，众筹将流行起来，这对整个创业圈以及资本市场带来的冲击必定是巨大的。想象着某天，你想开个小公司，把创业计划书往网上一放，不用几天不仅你的资金凑齐了，你顺便连你的合伙人、员工都招募到了，想想都觉得兴奋吧。

（3）微信将成为最合适的众筹平台

众所周知，微信从规划之初，就是一款基于个人社交网络、以私密圈子为导向的社交产品。"关系"，是它研究最透的一个词。于是，由于较高的保密性和社交圈子的稳定性、精确性，用户都置身在无数个强归属感的小圈子里。有时候，你甚至都不知道自己和某人是属于这一类人的时候，微信已经把你们归入同一类了，这是一件很恐怖的事情——产品比你自己更了解你。

对圈子的准确把握，是微信适合众筹最核心的竞争力。在微信之前，中国有几个稍有名气的众筹平台包括点名时间、众筹网和追梦网等。但必须要面对的事实是：中国的创业者、极客们对国内平台并不了解，从运营的层面看就是平台的推广有问题；而网站上各种五花八门的众筹信息看得人眼花缭乱都看不到自己感兴趣的项目，这是产品规划和业务拓展的问题；发起人信息、项目的真实性难以跟踪，这又是监管机制的问题。因此，撇开中国的环境不提，光是国内的众筹网站本身就有诸多不完善的地方，从社会到企业到个人都掉链子，发展如何不慢？

而微信打造的私密圈子，一个优点是：你在朋友圈里刷到的都是熟人的动态，你的动态也只能被你的熟人查看。这就令网络水军数量降到最低，换言之，人与人之间的信任度、兴趣匹配度、圈子契合度达到最高。这几点，无一不是众筹最关注的要素：行业相关性、兴趣的一致性、信息的真实性、项目的可跟踪性。

更逆天的是，微信支付上线之后，其功能板块"新年红包""AA收款"等，都为筹资汇款提供了最便捷的媒介支撑。想象这样一个场景：你从小就暗恋的小学同学在微信朋友圈发消息说辞职开公司，缺了几万块要众募，把需求分成了一百份，每一份也就是几百块。基于对这个同学的情谊、衡量金额的高低、在如此方便微信支付条件下，多半你会给她（他）包个微信红包吧。

（4）颠覆性创业

2013年说起颠覆性创业，有几个人必须要提：主打"轻奢餐"的雕爷牛腩创始人孟醒、以O2O经典案例广泛流传的黄太吉煎饼创始人郝畅、经营情趣用品店炮否科技的90后辣女马佳佳、快的打车创始人陈伟星。

你曾觉得花500万元买一个牛腩配方纯粹是蛋疼；也曾觉得90后花样少女出来卖情趣用品就是赤裸裸的炒作；你还曾觉得要在中国如此广阔的大地上实现网络叫车根本是天方夜谭。然而现在看着这些小企业、小创意越来越像那么回事儿的时候，真愿意为他们喝彩。

真正的颠覆性应该是这样的：让所有人第一次听到这个项目时都斩钉截铁地说不可能，最后又必须心悦诚服地赞赏。其实，如此看来，"颠覆"真不是一般的难，不客气地说是可遇而不可求的。应该承认"颠覆性创业"成功的关键更多在于创意与天赋，这种东西在多数情况下是不能强求的。因而，在社会力捧年轻人自主创业、创造工作岗位、增加就业机会的同时，这种行业内的虚假繁荣起到了不少负面的作用。在一些明星创业者成功的光环下，越来越多初出社会的小年轻，踌躇满志地准备投身到"颠覆"的大潮中，但水深水浅，毕竟只有走过才知道。

做企业是跳高，要超越自己，而不是拳击手，要把别人打倒。"颠覆性"不应该成为一种社会化的创业需求，它应该是一个激励你前进的理念、追求。只要在传统的基础上做好微创新，做出自己风格，这就是属于你自己的"颠覆性创业"。

（5）移动互联网创业

有米传媒的CEO陈第是"85后"移动互联网创业者中非常典型的一个：大学没毕业就成立公司，完全由学生团队起步，以难得的眼光发掘了移动广告的市场前景，成为最早一批进入移动互联网的创业者。他刚做移动广告时，穷得连工资都开不出，而三年多时间过去，现在有米传媒已经年营业额在亿元以上。

创业，尤其是像他这样从大学出来的年轻人创业，总会有很多意料之外的困难。市场理解不深，资源匮乏，专业知识不够，人才储备不够，这些短板都将紧紧扼住你的咽喉，这些问题你不置身于实实在在的创业环境中是无法料及的。但他依然认为移动互联网仍然处于非常初期的发展阶段，有好的创业项目就要把握机会付诸行动，说不定你一个星期写出的APP最后登上APP STORE双榜榜首呢；说不定你坚持做了两年的一个小领域，成了中国最牛气的那个呢。

现在整个移动互联网圈还在建立规则阶段，包括移动广告、移动支付、移动电商、O2O、手游等非常时髦的词语，至今依然裹着厚厚的不确定的混沌。当然业内预测这个现状会变得明朗，在此之前，趁着巨头们尚举棋不定的空隙，这些领域里的相关细分领域，总有适合你头脑风暴、适合你去闯的一片天，一切尚有可为！

后　记

回望这四年，弹指一挥间。曾记得当我第一次看到美国短租平台Roam获330万美元种子轮融资这一新闻时，我特别激动。根据官方新闻稿，Roam将会利用这笔资金扩大团队规模，拓展新的居住空间，进一步发展Roam的线上平台，让会员可以与全球各地的社群更好地交流。和常驻地相比，人在旅途最缺失的是"安全感"和"社群体验"，同时被高昂的旅行住宿成本所困扰，为了解决这些问题，一家叫Roam创业公司应运而生，他们的理想是让"四海为家"成为现实。致力于为全球旅行者创建共享居住空间的Roam由Bruno Haid创立于2015年。摆脱传统租房理念的束缚，Roam正在全球打造一个公共的居住空间网络，以按周短租的方式，让人们在全球范围内灵活地选择居住地点。Roam希望能够通过这种方式，改革人们的住宿习惯，为人们提供更加现代化、全球化的居住方式。

我想，这可能也就是创客时代的一个目标。以"极客公社"（Geek Communities）模式集聚国际化众创空间。"极客"（Geek）是对一群对计算机和网络技术有狂热兴趣并投入大量时间钻研的人的统称，也是对一种在互联网时代的全新的商业模式、尖端技术与时尚潮流的形容，Geek用技术手段、创新能力和源源不断的想象力不断地将更新更好的生活方式、娱乐方式推向高潮、推向顶点。乔布斯、比尔·盖茨、扎克伯格都是著名的且在商业上获得巨大成功的Geek。

从德国经济发展的历史经验看，一个国家经济，特别是大国经济的发展一定要坚持自己的制造业发展为基础的原则。从弗里德里希·李斯特开始，德国人就坚持不断创新，形成引领工业制造方向的能力，形成最根本的国际竞争力。我主张经济发展的渐进性，不要以大跃进的方式发展制造业，更多地是，建立起科技创新的机制。因此我们倡导秉承"创新思想，产业思维，实战未来"的理念去创业，始终秉持"知行合一、创赢未来"的理念，依托"产业深度、市场广度"的精准定位，希望能够帮助我们的学生和合作伙伴，能从创业者变成企业家，从企业家变成产业家，从产业家变成行业领袖。

本书的完成，首先要感谢上海商学院诸位校领导的大力支持；上海商业发展研究院刘斌副院长为本书的完善提供了珍贵的意见，全球创新领导力中心（CCL）大中华顾问委员会主席陈朝晖博士为本书提供了有关创新领导力的文章和材料，上海科学院科技产业发展处楼志斌博士撰写了本书的第三章的第二节和第五章，上海商业发展研究院的朱戈亮提供了全书所有的案例，上海商业发展研究院的余倩为本书的完成付出了辛勤的劳动；上海师范大学的曾哲、吴姝璇、秦晔、龚烨硕士研究生承担了大量的资料收集和校对工作，在此一并感谢。

本书的顺利出版，也得益于上海商学院领导的关心。对于各位领导的关怀和厚爱，我们永远铭记在心。

由于本书的特点，我们尽力做了大量的资料收集和分析工作，如有遗漏，并非本意，还请谅解和指正。

冯叔君

2017年仲秋之夜

图书在版编目（CIP）数据

众筹创业：从中外成功案例中取经/冯叔君，楼志斌，朱戈亮编著. —上海：东方出版中心，2018.4

ISBN 978-7-5473-1251-3

Ⅰ.①众… Ⅱ.①冯… ②楼… ③朱… Ⅲ.①企业管理 Ⅳ.①F272

中国版本图书馆CIP数据核字（2018）第025771号

众筹创业：从中外成功案例中取经

出版发行：东方出版中心

地　　址：上海市仙霞路345号

电　　话：（021）62417400

邮政编码：200336

经　　销：全国新华书店

印　　刷：上海景条印刷有限公司

开　　本：890×1240毫米　1/32

字　　数：152千字

印　　张：7.625

版　　次：2018年4月第1版第1次印刷

ISBN 978-7-5473-1251-3

定　　价：38.00元